Harald Schneider

Geschichtskurs – Weimarer Republik / Nationalsozialismus

MANZ VERLAG

3. Auflage 2001
Manz Verlag

Lektorat: Harald Kotlarz, Ammerbuch
Herstellung: Karin Schmid, Baldham
Umschlaggestaltung: Zembsch' Werkstatt, München
Druck: Mediengruppe UNIVERSAL
Grafische Betriebe Manz und Mühlthaler GmbH, München
Printed in Germany

ISBN 3-7863-4101-X

Inhaltsverzeichnis

Vorwort

Die deutsche Geschichte ist anders verlaufen als die seiner Nachbarn. Deutschland hat man eine „verspätete" Nation genannt, seine nationale Einheit erlangte es erst 1871, später und kompromissbeladener als andere Nationen. Die im 19. Jahrhundert gelegten Strukturen wirkten auch im 20. Jahrhundert fort, führten in den Ersten Weltkrieg und entschieden über das Schicksal des ersten Versuchs auf deutschem Boden eine Demokratie zu errichten.

Die Deutschen haben „ein schwieriges Vaterland" (Martin und Sylvia Greiffenhagen, 1979). Sie taten sich ganz besonders schwer damit in den Jahren von 1918 bis 1945, als es um die Entscheidung für Demokratie oder Diktatur ging. Zwei Weltkriege und zwei verheerende Niederlagen und nicht zuletzt die zahllosen Opfer sind das Resultat dieses Abschnitts deutscher Geschichte. Besonders drei Ereignisse markieren diese Entwicklung:

- 1918/19 kommt es im Verlauf des militärischen Zusammenbruchs zu revolutionären Erhebungen in vielen Teilen Deutschlands. Die Weimarer Republik bildet sich als politische Mitte zwischen der extremen Rechten und Linken. Die konservativen und nationalen Kräfte stehlen sich aus der Verantwortung für den Krieg und die Friedensverhandlungen. Die Weimarer Republik wird zunehmend zum Ziel ihrer antidemokratischen Propaganda.

- 1933 etablieren die Nationalsozialisten ihre Diktatur. Die zunächst in Deutschland betriebene Verfolgung und Vernichtung der politischen und weltanschaulichen Gegner und Andersgläubiger wird ab 1939 im europäischen Maßstab betrieben und gipfelt im Holocaust des jüdischen Volkes.

- Am 8. Mai 1945 kapituliert das Dritte Reich bedingungslos. Die Alliierten übernehmen die Kontrolle in Deutschland und fördern eine neue politische und territoriale Ordnung. Die Vormachtstellung Preußens in Deutschland wird beendet. Es entstehen zwei deutsche Staaten, die im Verlauf der Jahre zu Brennpunkten des Ost-West-Konflikts werden.

Als weiteres Merkmal dieser Jahrzehnte kann der sich verschärfende Konflikt zwischen den damals vorherrschenden Ideologien der liberalen Demokratie, des Bolschewismus und des Faschismus, besonders in der deutschen Ausprägung, angesehen werden. Auch wenn vorübergehende Allianzen die Gegensätze zeitweilig verwischten, so bestimmten die Auseinandersetzungen um den „richtigen“ ideologischen Weg auch die Weltgeschichte nach dem Ende des Zweiten Weltkriegs.

Zur Arbeit mit diesem Buch

Die Entwicklungslinien sowie die konkreten Ereignisse, die einen umfassenden und nachvollziehbaren Einblick in die Geschichte Deutschlands zwischen dem Ende des Ersten und des Zweiten Weltkrieges bieten, werden in diesem Band dargestellt. Als Vorbereitung auf die Abiturprüfung oder auch auf Klausuren werden repräsentative Quellen mit Arbeitsaufträgen angeboten.

Beginnen Sie am besten mit der Einleitung. Darin können Sie sich einen ersten Einblick zu den Themen des jeweiligen Kapitels verschaffen. Die Chronologie bietet die wichtigsten Ereignisse im knappen Überblick. Die fettgedruckten Begriffe werden in den Sachinformationen genauer dargestellt. Mithilfe der Chronologie, der Sachinformationen und der Einleitung können Sie die Arbeitsaufträge mühelos bearbeiten. Musterlösungen finden sich im Anhang. Die Ergebnisse jedes Kapitels werden am Schluss in einem Schaubild zusammengefasst.

Die Autorentexte sind in der reformierten Rechtschreibung verfasst, die Quellentexte sind unverändert abgedruckt worden.

Autor und Verlag wünschen Ihnen eine gute Geschichtsnote im Abiturzeugnis!

A Die Weimarer Republik

1. Der Erste Weltkrieg

Der Zeitabschnitt zwischen 1890, dem Jahr der Entlassung Bismarcks bis zum Ende des Ersten Weltkrieges 1918, wird gewöhnlich als das Zeitalter des Imperialismus bezeichnet, aus deutscher Sicht kann in diesem Zusammenhang zusätzlich vom **Wilhelminischen Zeitalter** gesprochen werden. Der Lebensstil Kaiser Wilhelms II., seine romantisch-verklärte, spätabsolutistische Auffassung vom Amt des Herrschers wurde zugleich das Leitbild großer Teile der Gesellschaft des kaiserlichen Deutschland über die Jahrhundertwende hinaus. Sie war geprägt von den alten und neuen Machteliten: den Großagrariern, Bankiers und Großindustriellen, dem Offizierskorps, der höheren Beamtenschaft und den Hochschulprofessoren und nicht zuletzt von der überwiegenden Mehrheit des durch Wirtschaftswachstum und industrielle Entwicklung zu Wohlstand gelangten Bürgertums.

In der Außenpolitik schlug der Kaiser einen **Neuen Kurs** ein, dessen Ziel die Stellung Deutschlands als Weltmacht war. Die Machteliten unterstützten die imperialistischen Bestrebungen und ein neues Wertegefühl breitete sich in der Gesellschaft des Kaiserreichs aus, das bis in die kleinbürgerlichen Wohnstuben spürbar wurde. Das vom Kaiser so bevorzugte Militär beherrschte das Leben. Erst wenn jemand als Soldat gedient hatte, war er ein angesehenes Mitglied der Gesellschaft. Der Glaube an den Kaiser, an durch Amt und Uniform verliehene Autorität, war in einem hohen Maße ausgeprägt.

Das **persönliche Regiment**, das der Kaiser nach Bismarcks Entlassung übernommen hatte, war eine Herrschaftsform, in der verschiedene Mächtegruppen und Kräfte auf den Kaiser einwirkten und den Kurs der Politik zu bestimmen suchten. Es waren vor allem Vertreter mächtiger Interessenverbände wie des Flottenvereins, der Alldeutschen, des Kolonialvereins oder auch Persönlichkeiten wie Tirpitz, der Staatssekretär im Marineministerium und konsequentester Propagandist der Flottenpolitik, oder später Ludendorff, das einflussreiche Mitglied der Obersten Heeresleitung (OHL).

In der **Innenpolitik** versuchte der Kaiser durch Zugeständnisse die Arbeiterschaft für den Staat zu gewinnen. Doch es gelang nicht, Arbeiterschaft und SPD zu spalten, um damit den Einfluss der Linksparteien zu reduzieren. Als „vaterlandslose Gesellen" wurden nun diejenigen diffamiert, die sich der imperialistischen Politik der führenden Schichten widersetzten. Dennoch oder gerade deswegen stieg die SPD in dieser Zeit zur stärksten Partei im Reichstag auf.

Der Aufstieg der Sozialdemokratie zur stärksten Reichstagsfraktion beunruhigte die Machteliten und bestärkte sie in ihrem Vorhaben, sichtbare außenpolitische Erfolge zu erringen. Bismarcks Politik der Sicherung Deutschlands durch ein Bündnissystem wurde durch eine aggressive Machtpolitik zunichte gemacht. Dies hatte zur Folge, dass es zu einer Annäherung zwischen Frankreich und Russland kam und damit zu der von Bismarck gefürchteten Gefahr eines Zweifrontenkrieges.

Der forcierte **Ausbau der Flotte,** vehement von Wirtschaft, Industrie und nationalen Verbänden zur Absicherung des überseeischen Besitzes gefordert, beunruhigte die Seemacht England. Der einsetzende Rüstungswettlauf wurde wechselseitig von einem Propagandafeldzug begleitet, der in beiden Nationen eine emotional aufgeladene Feindstimmung erzeugte. Durch großsprecherische und ungeschickte Äußerungen des Kaisers wurde Großbritannien schließlich in die französisch-russische Entente geführt.

Als einziger Bündnispartner blieb nur der Vielvölkerstaat **Österreich-Ungarn** mit seinen Verstrickungen in die Balkankonflikte. Nach der Ermordung des österreichischen Thronfolgers durch serbische Untergrundkämpfer in Sarajewo am 28. Juni 1914 sagte das Deutsche Reich Österreich volle Rückendeckung zu („Blankoscheck"). Hinter den Serben stand wiederum Russland als Bündnispartner, sodass ein gesamteuropäischer Krieg drohte. Österreich erklärte Serbien den Krieg, worauf es in Russland zur Mobilmachung kam. Dies wiederum hatte die deutsche Kriegserklärung an Russland und Frankreich zur Folge.

Die Deutschen begannen den Krieg mit der Durchführung des Schlieffenplanes, der den Einfall in Nordfrankreich unter Verletzung der von Großbritannien garantierten Neutralität Belgiens vorsah, was die Kriegserklärung Englands provozierte (4. August). Die anfängliche Kriegsbegeisterung aller Völker erlosch jedoch sehr bald im Grauen der **Materialschlachten**. Der Erste Weltkrieg war der erste „moderne" Krieg zwischen Industriestaaten. Neue Waffen wie U-Boote, Panzer, Flugzeuge und Giftgas wurden eingesetzt. Die Zahl der Opfer erreichte ebenfalls neue Dimensionen. Die Zivilbevölkerung, besonders die Frauen, wurde an der „Heimatfront" stärker als je zuvor in das Kriegsgeschehen einbezogen, durch ihren Einsatz in der Rüstungsindustrie, aber auch durch Hunger und Entbehrungen.

Der von den deutschen Reichstagsparteien verabredete „Burgfrieden" hielt nur bis zum Frühjahr 1917 und zerbrach an den umstrittenen Kriegszielen. Die Rechtsgruppierungen unterstützten die diktatorisch auch in die Innenpolitik eingreifende OHL und ihre Kriegsführung bis zum „Siegfrieden" mithilfe des uneingeschränkten U-Boot-Krieges. Die parlamentarischen Mehrheitsparteien hingegen forderten in ihrer „Friedensresolution" die Beendigung des Krieges und verlangten die Einlösung des Versprechens, den Parteien im Reichstag mehr Mitspracherechte zu gewähren.

Das Jahr 1917 brachte mit dem **Kriegseintritt der USA** und dem militärischen Zusammenbruch Russlands die Wende des Krieges. Die anfängliche Begeisterung für den Krieg, der ursprünglich als rasch zu beendender Verteidigungskrieg deklariert worden war, wurde von einer deutlichen Kriegsmüdigkeit abgelöst. Hinzu kam, dass die Ernährungslage angespannt blieb. Es kam zu ersten Hungerstreiks.

Im Frühjahr 1918 scheiterte die letzte deutsche Offensive an der Marne. Ein Verständigungsfrieden war dadurch nicht mehr möglich. Erst da gestand die Oberste Heeresleitung (Hindenburg/Ludendorff) die Aussichtslosigkeit den Krieg fortzusetzen ein und drängte auf sofortige Waffenstillstandsverhandlungen auf der Grundlage der vom amerikanischen Präsidenten Wilson formulierten 14 Punkte. Die Meuterei von Mannschaftsteilen der Kriegsflotte führte zum endgültigen Zusammenbruch des Kaiserreichs. Der Kaiser dankte ab und am 9. November 1918 wurde die Republik proklamiert.

Die neue politische Führung musste sich den für Deutschland sehr **ungünstigen Friedensregelungen** beugen. Besonders die Zuweisung der alleinigen Kriegsschuld im Artikel 231 des Versailler Friedensvertrags wurde von der nationalistischen Rechten zur Agitation gegen die Weimarer Republik genutzt und bot den Nationalsozialisten eine emotionale Basis für ihren Aufstieg.

Die **Kriegsschuldfrage** ist auch in der Forschung über Jahrzehnte hinweg kontrovers diskutiert worden. Die Untersuchung der Kriegsziele sollte Aufschluss darüber geben, ob die Nationen in den Krieg „hineingerutscht" sind oder ihn als bewusstes Mittel der Machtpolitik eingesetzt haben. Das Deutsche Reich hat demnach eine zielgerichtete imperialistische Machtpolitik betrieben, die zu einer Veränderung des europäischen Kräfteverhältnisses führen sollte. Andere Meinungen sehen in der Blankovollmacht den Versuch, eine sich auf dem Balkan anbahnende Machtverschiebung zugunsten Russlands präventiv zu verhindern.

Kriegsereigniss

KRIEGSHANDLUNGEN	REAKTION IN DEUTSCHLAND
1914	
Zweifrontenkrieg im Westen: Scheitern des **Schlieffen-Planes** (Verletzung der belgischen Neutralität, **Kriegserklärung Englands**) – aus Bewegungskrieg wird Stellungskrieg im Osten: Sieg bei **Tannenberg** Englische Blockade der Nordseeausgänge: Beginn des Wirtschaftskrieges (Aushungern Deutschlands)	**Wilhelm II.:** „Ich kenne keine Parteien mehr, ich kenne nur noch Deutsche!" sog. **Burgfrieden**, d. h. Bewilligung der Kriegskredite durch Mehrheit aller Parteien (auch der **SPD**) ideologische, propagandistische Rechtfertigung des Krieges und deutscher Überlegen heit: Völkerhass
1915	
Besetzung großer Teile Belgiens, Nordfrankreichs, Russlands, Polens und des Kurlandes durch deutsche Truppen: Kriegsschwerpunkt im Westen **U-Boot-Krieg** gegen Handelsschiffe (Versuch Englands Seeüberlegenheit zu brechen), Versenkung des Passagierschiffes „Lusitania" führt zu amerikanischem Protest: Einstellung des U-Boot-Krieges	Rationalisierung der Lebensmittel Zwangswirtschaft 1914 – 1918 **Kriegsanleihen** des Staates bei der Bevölkerung (Hauptfinanzierungsart)
1916	
Entscheidung im Westen wird gesucht: Schlacht um **Verdun** (ergebnislose Materialschlacht) **Technisierung** des Krieges: Entscheidend sind die Produktionsziffern der Rüstungsindustrie. Verlustreiche Gegenoffensive Frankreichs und Englands an der Somme (ergebnislos) Deutsch-englische Seeschlacht am Skagerrak (unentschiedener Ausgang): Deutsche Flotte bleibt ohne Bedeutung für Kriegsentscheidung	Entlassung Falkenhayns als Chef der OHL au Druck der öffentlichen Meinung Einsetzung Hindenburgs („Tannenberg"-Mythos) und Ludendorffs **OHL übt faktisch diktatorische Macht im Deutschen Reich aus** **Hindenburg-Programm:** totale Mobilisierung aller Arbeitskräfte (besonders Frauen) für Kriegswirtschaft, Konzentration auf Rüstungsgüter **Vaterländisches Hilfsgesetz:** totale Mobil-machung der Arbeitskräfte (17- bis 60-Jähri ge werden eingezogen)

914 – 1918

KRIEGSHANDLUNGEN	REAKTION IN DEUTSCHLAND
1917	
euerlicher uneingeschränkter U-Boot-Krieg s letztes Mittel, den Krieg für Deutschland ɹ entscheiden. **Kriegserklärung der USA:** tärkung der Entente durch Material und oldaten, bis 1918 ca. 1,5 Mio. amerikani- :he Soldaten in Europa **ebruarrevolution in Russland:** bdankung des Zaren, Massendesertion er russischen Soldaten n Westen trotz blutiger Schlachten keine ntscheidende Veränderung -Boot-Krieg zwingt England nicht in die nie (englische Schiffsproduktion höher als ersenkungsquote) ktober: **Machtübernahme der olschewiken**	**Schwere Not** infolge des kalten Winters („Rübenwinter") – Hungertote, erstmals Hungerstreiks wegen Verringerung der Brotration; Arbeitsniederlegung Leipziger Rüstungsarbeiter zeigt allgemeine Kriegs- müdigkeit Lebensmittelrationierung **Spaltung der SPD** (MSPD – USPD) **Interfraktioneller Ausschuss:** Forderung nach Parlamentarisierung der Verfassung Friedenserklärung des **Reichstages: „Verständigungsfrieden ohne Gebiets- ansprüche"**
1918	
onderfrieden von Brest-Litowsk: **ussland scheidet aus dem Krieg aus.** roßoffensive der Deutschen im Westen :war Geländegewinne, aber keine ntscheidung) **rkenntnis, dass der Krieg mit militäri- :hen Mitteln nicht zu gewinnen ist** usammenbruch der österreichischen Armee; HL (Hindenburg und Ludendorff) rängt auf **Waffenstillstand,** den die olitiker schließen sollen. /affenstillstand unterzeichnet vom entrumspolitiker Matthias Erzberger	Hunger bei Soldaten und Zivilbevölkerung Anfang 1918: Streik der Berliner Munitionsarbeiter **Meuterei** der Hochseeflotte greift auf Deutschland über: Bildung von **Arbeiter- und Soldatenräten** Abdankung des Kaisers **Verfassungsreform von oben:** Neugebildete, parlamentarische Mehrheitsregierung soll **Waffenstillstand** unterzeichnen.

2. Das Jahr 1917

Der Eintritt der USA in den Ersten Weltkrieg, damit auch in die europäische Politik, und die Oktoberrevolution sind die herausragenden Ereignisse des Jahres 1917. Diese Ereignisse stellten die Weichen für die Herausbildung des sozialistischen und des kapitalistischen Machtblocks, die in den folgenden Jahrzehnten die Weltpolitik maßgeblich bestimmen sollten.

Im Februar 1917 führte die Entscheidung der Obersten Heeresleitung, den uneingeschränkten U-Boot-Krieg wieder aufzunehmen, zur **Kriegserklärung der USA** an das Deutsche Reich. Als größte Industrienation konnten die Vereinigten Staaten durch einen hohen Material- und Menscheneinsatz den Krieg zugunsten der Alliierten entscheiden.

Die Bolschewiki schlossen in Brest-Litowsk einen Sonderfrieden mit Deutschland. Der Zar hatte abgedankt und die **Oktoberrevolution** zerstörte die absolutistischen Herrschaftsstrukturen in Russland. Der im Entstehen begriffene sozialistische Staat war ein Gegenmodell zu den westlichen Demokratien oder parlamentarischen Monarchien. Die gesamte Gesellschaft und besonders ihre Produktionsweisen wurden grundlegend verändert. Der neue sozialistische Staat wurde im Westen mit Furcht und Ablehnung betrachtet, weil ein Übergreifen der Revolution auf andere Länder befürchtet wurde.

Der sich schnell verhärtende Gegensatz zwischen den westlichen Demokratien und der Sowjetunion wurde nur in den Jahren des Zweiten Weltkrieges zurückgestellt, als es galt einen gemeinsamen Feind niederzuringen. Doch schon kurz danach mündete die Allianz der Amerikaner und Sowjets in einen **kalten Krieg**. Die Grenze der beiden Machtblöcke verlief genau durch Deutschland und die gegensätzlichen ideologischen Vorstellungen diktierten auch den Aufbau der beiden deutschen Staaten nach dem Ende des Zweiten Weltkieges.

Bis 1989 wurde auch das Verhältnis der beiden deutschen Staaten zueinander von dem Ost-West-Konflikt bestimmt. Der Zusammenbruch der UdSSR führte zur Einigung Deutschlands und die USA werden alleinige Weltmacht.

Zusammenfassung

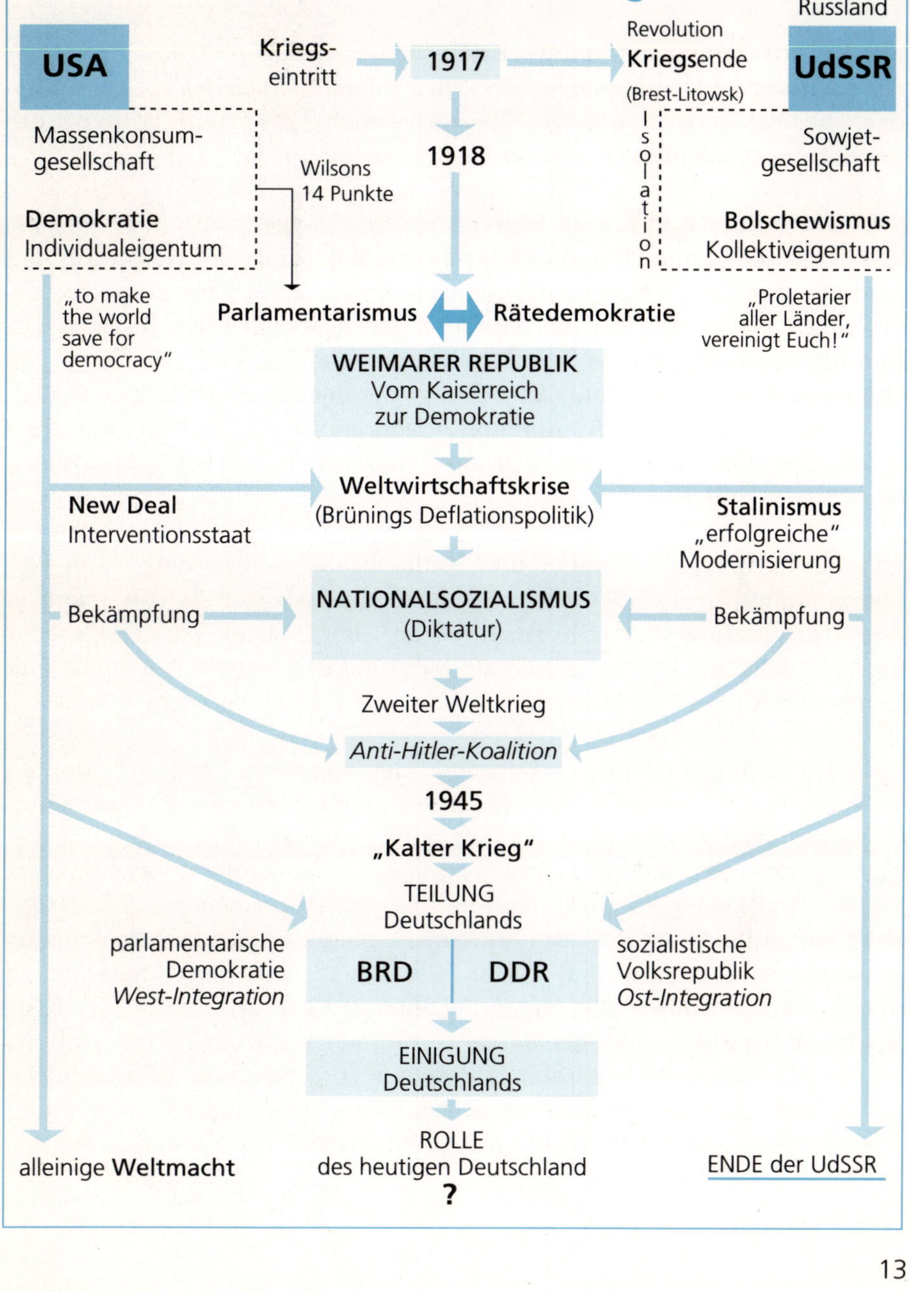

3. Vom Kaiserreich zur Republik

Am 11. November 1918 unterschrieb Staatssekretär Matthias Erzberger die Kapitulationsbedingungen der Siegermächte. Das Reich war militärisch besiegt und hatte keine Alternative mehr. Zwei Tage vorher hatte der Kaiser abgedankt und war ins Exil gegangen.

In dieser **politisch unklaren Situation** überschlugen sich die Ereignisse: In den norddeutschen Häfen meuterten die Matrosen der Kriegsflotte und lehnten ein Auslaufen gegen die englische Flotte ab; Werftarbeiter schlossen sich ihnen an. Die Unruhen breiteten sich über ganz Deutschland aus. Drei um die Macht konkurrierende Gruppen standen sich gegenüber: die alte kaiserliche Armee und Verwaltung, die gemäßigten Kräfte um SPD, Zentrum und DDP und die Anhänger eines umfassenden sozialistischen Umsturzes von Staat, Wirtschaft und Gesellschaft mit dem Spartakusbund an der Spitze.

Spontan hatten sich Arbeiter- und Soldatenräte nach sowjetischem Vorbild gebildet. Am 9. November rief der Sozialdemokrat Scheidemann in Berlin die parlamentarische Republik aus, kurz darauf Karl Liebknecht die sozialistische. Welche politische Richtung würde sich in Deutschland durchsetzen?

Vor dem Hintergrund der Forderungen des amerikanischen Präsidenten Wilson, die eine ausgeglichene Mächtekonstellation auf demokratischer Grundlage anstrebten, hatte der Reichstag schon am 28. Oktober die Einführung des parlamentarischen Systems in Deutschland beschlossen: Kanzler und Regierung waren von nun an vom Vertrauen des Reichstags abhängig. Außenpolitik, Heer und Marine, bisher in Händen des Kaisers, unterstanden von jetzt an der Kontrolle des Parlaments. Verantwortung übernahmen vor allem diejenigen Parteien, die schon während des Krieges im interfraktionellen Ausschuss zusammengearbeitet hatten und von nun an die **Weimarer Koalition** bildeten: SPD, Zentrum und Fortschrittspartei, die spätere Deutsche Demokratische Partei (DDP). Dies waren auch die Parteien, die überzeugt für die Weimarer Republik einstanden.

Reichskanzler Max von Baden wurde mit der Bildung einer Übergangsregierung betraut. Am 9. November bestellte er **Friedrich Ebert** zu seinem Nachfolger. Ebert war sich der mangelnden Rechtmäßigkeit seiner Ernennung bewusst und forderte deshalb unverzüglich eine politische Legitimation durch das Volk. Dabei war noch immer unklar, welcher politischen Richtung sich das Volk verschrieben hatte: der Rätedemokratie oder der parlamentarischen Demokratie. Die Entscheidung wurde im Reichs-Räte-Kongress (16. bis 20. Dezember 1918) getroffen. Die Mehrheitssozialisten (MSPD) setzten sich gegen die Anhänger einer Räte-Republik (USPD) durch und sprachen sich für allgemeine Wahlen zu einer Nationalversammlung aus. Damit wurde die Möglichkeit einer sozialistischen Umgestaltung der Gesellschaft nach sowjetischem Vorbild abgewendet. Mehr noch, auch die Demokratisierung der Armee und eine Sozialisierung der Schlüsselindustrien wurden verhindert, was der MSPD als „Verrat an der Revolution“ angekreidet wurde.

Am 1. Januar 1919 wird aus dem Spartakusbund die **KPD** gebildet. Als letzten Versuch, doch noch eine Räte-Republik zu erzwingen, kommt es am 5. Januar zu Straßenkämpfen in Berlin. Rosa Luxemburg und Karl Liebknecht, die führenden Köpfe der Bewegung, werden am 15. Januar von Freikorps-Soldaten ermordet. Die Wahlen zur Nationalversammlung können wie geplant am 19. Januar durchgeführt werden.

Die MSPD unter Ebert verbündete sich mit den ehemals führenden Kräften des kaiserlichen Regimes (Militär und Großindustrie), um die Gefahr eines linken Umsturzes abzuwenden. Das hatte nicht nur die **Spaltung der Arbeiterschaft** zur Folge, sondern führte auch zu einem Fortbestand der konservativen und nationalistischen Kräfte, die später zu erbitterten Gegnern der Weimarer Republik wurden und in der sogenannten „Dolchstoßlegende“ den Novemberaufständen die Schuld für die Niederlage des Reiches in die Schuhe schieben konnten.

T 1

„Also, es war keine Rede davon, daß das Heer besiegt worden wäre, das Vaterland schutzlos dem Zugriff der Feinde dagelegen hätte. […] Wenn dann aus dem inneren Zusammenbruch des deutschen Volkes die furchtbarste Niederlage wurde, […] ist dafür der Umsturz verantwortlich zu machen, der Anfang November das Deutsche Reich erschütterte, das Kaisertum zerschlug. […] Der Geist im Lande war vergiftet, Meuterei und Treubruch waren planmäßig in Heer und Flotte […] vorbereitet worden. Dieser Teil der hochverräterischen Tätigkeit hat das Reich wehrlos gemacht und dadurch alles verschuldet, was sich aus dieser Wehrlosigkeit ergab. […]“

(Einhart, 1914–1919, Sonderdruck: Einhart, Deutsche Geschichte, Leipzig 1918, S. 237 f)

Arbeitsaufträge

1. *Welche Erklärung für die deutsche Niederlage im Ersten Weltkrieg gibt der Text?*
2. *Nehmen Sie Stellung zu den Aussagen des Textes.*
3. *Welche Auswirkung hatte die im Text geäußerte These auf die Akzeptanz der Weimarer Republik?*

T 2

Aufklärung!

Am Weihnachtsabend um 7.30 Uhr hielten am Schloß vor dem Neptuns-Brunnen ein Matrose und ein Zivilist aufreizende Reden an die dort zahlreich Versammelten. Sie riefen:

> „Nieder mit den Scheidemännern! Die Urheber des Blutbades müssen mit dem Tode bestraft werden! Nieder mit der Nationalversammlung! Nieder mit dem „Vorwärts"! Geht hin und klärt die Soldaten auf, ihnen braucht Ihr ja noch nicht zu sagen, daß wir die National-Versammlung nicht haben wollen! Morgen wollen wir beraten, was wir mit der Regierung machen wollen!"

Das sind also die Ziele von Spartakus und seinem Anhang. Dahin soll also Berlin und das Reich gebracht werden!

Keine Nationalversammlung heißt Anarchie,

heißt bolschewistischer **Terror**, heißt **Raub, Plünderung** und **Mord.** Darum Arbeiter, Bürger, Genossen, wenn Euch Eure

gesicherte Zukunft, Euer Leben,

das Eurer Frauen und Kinder lieb ist,

hütet Euch vor Spartakus!

hütet Euch vor Liebknecht!

Stellt Euch hinter die Regierung! Macht sie stark! Und laßt nicht zu, daß eine Verbrecherbande an ihre Stelle gesetzt werde!

(Auchtert, U. / Krupke, S. [Hrsg.], An alle! Lesen! Weitergeben! Flugblätter der Arbeiterbewegung von 1848 bis 1933. Verlag J. H. W. Dietz Nachf., Berlin/Bonn 1982, S. 81)

Arbeitsaufträge

1. *Ordnen Sie den Text mithilfe der Chronologie zeitlich ein.*
2. *Welche politische Gruppierung ist der Urheber dieses Plakates?*
3. *Charakterisieren Sie das politische Umfeld, in dem dieses Plakat verfasst wurde. Welche Alternativen hinsichtlich einer Neuorganisation des politischen Systems gab es 1918 in Deutschland?*

CHRONOLOGIE

1917

19. Juli: **Friedensresolution** des Reichstags

1918

8. Januar: **14 Punkte Wilsons** für eine künftige Friedensordnung

März/Juli **letzte deutsche Offensive**

14. August: **OHL** erklärt Fortführung des Krieges für aussichtslos.

28. September: OHL beschließt Friedens- und Waffenstillstandsangebot.

30. September: „Parlamentarisierungserlass“ (parlamentarische Verantwortlichkeit des Reichskanzlers); **Max von Baden** neuer Reichskanzler

1. Oktober: **Ludendorff**: „Krieg ist nicht mehr zu gewinnen.“

3. Oktober: Brief **Hindenburgs** an den Reichskanzler Max von Baden mit dem Gesuch nach Abschluss eines Waffenstillstandes um jeden Preis

28./29. Oktober: Meuterei der deutschen Hochseeflotte angesichts eines militärisch sinnlosen Auslauf-Befehls

3. – 9. November: Matrosenaufstand in Kiel, Ausbreitung der Aufstandsbewegung im Reich, Bildung von **Arbeiter- und Soldatenräten** in vielen Städten

9. November:
- Abdankung Wilhelms II.
- Ausrufung der Republik durch Scheidemann
- Ausrufung der Räte-Republik durch **Liebknecht**
- Übergabe des Reichskanzleramtes durch Max von Baden an **Friedrich Ebert**

10. November: **Rat der Volksbeauftragten** (drei Mitglieder der **MSPD**, drei Mitglieder der **USPD**) **Bündnis Ebert – Groener**

11. November: Unterzeichnung des Waffenstillstandes im Wald von Compiègne

16. – 20. Dezember: **Reichs-Räte-Kongress** beschließt Wahlen zu einer Nationalversammlung zum 19. Januar 1919.

1919

1. Januar: Aus dem **Spartakusbund** geht die KPD hervor .

5. – 11. Januar: Straßenkämpfe in Berlin (Spartakus-Aufstand): Versuch der gewaltsamen Revidierung der parlamentarischen Republik

15. Januar: Ermordung **Karl Liebknechts** und **Rosa Luxemburgs** durch **Freikorpssoldaten**

19. Januar: Wahlen zur Nationalversammlung: SPD verfehlt angestrebte absolute Mehrheit (38%).

6. Februar: Eröffnung der Nationalversammlung in Weimar

11. Februar: Wahl **Friedrich Eberts** durch die Nationalversammlung zum Reichspräsidenten

SACHINFORMATIONEN

Friedensresolution

Resolution der Reichstagsmehrheit am 19. 7. 1917 für einen Verständigungsfrieden ohne „erzwungene Gebietsabtretungen und ohne politische, wirtschaftliche und finanzielle Vergewaltigungen“. Die Friedensresolution kam unter der Führung des Zentrumsabgeordneten *Matthias Erzberger* zustande.

MSPD

Mehrheitssozialisten, gemäßigter Teil der Sozialdemokratie, der nach der Abspaltung der *USPD* weiterhin der parlamentarischen Republik verpflichtet blieb. Die Bezeichnung MSPD galt nur bis 1922, dann wieder SPD.

USPD

Gegründet im April 1917 und hervorgegangen aus einer linken Abspaltung der SPD, forderte die revolutionäre Errichtung einer Räte-Demokratie nach russischem Vorbild.

Karl Liebknecht / Rosa Luxemburg

Beide gründeten am 1. 1. 1919 die KPD. Nach dem Spartakusaufstand im Januar 1919, der im Auftrag des Volksbeauftragten *Noske*, MSPD, von *Freikorps* blutig niedergeschlagen wurde, gerieten auch Liebknecht und Luxemburg in Gefangenschaft. Beide wurden von Freikorpsoffizieren ermordet. Die Spartakisten wollten die Revolution vollenden und alle Macht den Räten übertragen. Das von Rosa Luxemburg verfasste „Spartakusprogramm“ strebte zwar die Räte-Republik an, sprach sich jedoch, im Gegensatz zu Lenin, für einen „demokratischen“ Kommunismus aus.

14 Punkte Wilsons

Vom amerikanischen Präsidenten Wilson proklamierter Forderungskatalog für eine künftige Friedensordnung, u. a.: Abschaffung der Geheimdiplomatie, Abrüstung, Schaffung eines Völkerbunds, Selbstbestimmungsrecht der Völker. Von der deutschen Regierung als Grundlage des Waffenstillstandes angesehen, konnte er aber gegenüber Frankreich nicht durchgesetzt werden.

Novemberrevolution

Ausgelöst durch einen Matrosenaufstand in Kiel, sprang der Funke der Revolution auf das gesamte Reich über. Es bildeten sich Arbeiter- und Soldatenräte, die die sofortige Beendigung des Krieges und die Abdankung des Kaisers forderten.

Dolchstoßlegende

Behauptung, wonach nicht die militärische Schwäche des Heeres, sondern die *Novemberrevolution* in Deutschland die Niederlage 1918 herbeigeführt hätte: Die Heimat sei der kämpfenden Front in den Rücken gefallen, habe sie gewissermaßen von hinten erdolcht. Sie wurde v.a. von Generalfeldmarschall *von Hindenburg*, dem späteren Reichspräsidenten, in die politische Diskussion gebracht. Die Rechtsparteien nutzten die Dolchstoßlegende zusammen mit der Parole von den *„Novemberverbrechern“* gegen die Republik, die Sozialdemokratie und das demokratische System, dessen Vertreter notgedrungen die Kapitulation unterschrieben und den Versailler Vertrag angenommen hatten.

Arbeiter- und Soldatenräte

Proletarisch orientierte Organe der direkten Demokratie, auf der Basis einzelner Betriebe bzw. Truppenteile organisiert. Die gewählten Räte bildeten den Rätekongress. Der deutsche *Rätekongress* erkannte im Dezember 1918 den *Rat der Volksbeauftragten* als Regierung an und übertrug im Februar 1919 seine Kompetenzen an die *Nationalversammlung.*

Bündnis Ebert – Groener

Darin wurde die Zusammenarbeit zwischen dem *Rat der Volksbeauftragten* unter Ebert und der Reichswehrführung unter General Groener vereinbart. Groener, der die Nachfolge *Ludendorffs* angetreten hatte, bot den Sozialdemokraten seine Mitarbeit an: Die Revolutionsregierung sollte die ordnungsgemäße Rückführung des Heeres sichern, die Reichswehr dagegen bei der Aufrechterhaltung von Ruhe und Ordnung helfen. Hintergedanke Groeners war es, das Offizierskorps von revolutionären Entwicklungen freizuhalten und ein Übergreifen der Revolution auf das Heer zu verhindern.

Rat der Volksbeauftragten

Bezeichnung für die durch den Kompromiss zwischen *MSPD* und *USPD* am 1. November 1918 gebildete provisorische Regierung aus je drei Mitgliedern jeder dieser Parteien, unter der Führung von *Friedrich Ebert (MSPD)* und *Hugo Haase (USPD).* Nach dem Ausscheiden der USPD-Mitglieder am 29. Dezember rückten drei MSPD-Leute nach. Die Übergabe der Ämter an die Nationalversammlung erfolgte im Februar 1919.

Reichs-Rätekongress
Kongress der Arbeiter- und Soldatenräte, zusammengetreten vom 16. bis 21. Dezember 1918 in Berlin. Der Kongress stand unter starkem Einfluss der MSPD und fasste den Beschluss, Wahlen zu einer Nationalversammlung auszuschreiben. Daraufhin beteiligte sich die USPD nicht mehr an der weiteren Arbeit des Kongresses und ihre Mitglieder traten aus dem *Rat der Volksbeauftragten* aus.

Spartakusbund
Aus dem extrem linken Flügel der SPD seit 1916 hervorgegangene Gruppe um *Karl Liebknecht* und *Rosa Luxemburg*. Bis Dezember 1918 blieb die Gruppe der USPD angeschlossen, gründete dann jedoch mit anderen linken Gruppen die *KPD*. Sie vertrat eine zur Leninschen Konzeption der Kaderpartei gegensätzliche Position: den Aufbau einer kommunistischen Partei mit einem Höchstmaß an innerparteilicher Demokratie.

Freikorps
Deutschland musste sich im *Versailler Vertrag* verpflichten, seine Truppen unverzüglich zu entwaffnen und ins Zivilleben zu überführen. Daraufhin bildeten sich zahlreiche Freiwilligenverbände mit hohem Offiziersanteil. Obwohl Gegner einer republikanischen Ordnung, ließen sie sich dennoch gegen linksradikale Erhebungen bzw. Putschversuche einsetzen, weil sie die größte Gefahr im Sieg der Revolution und in einer Bolschewisierung Deutschlands sahen. Viele Freikorpsangehörige wurden später von der Reichswehr übernommen. Andere landeten in völkischen Verbänden oder in der *NSDAP*.

Friedrich Ebert
Setzte sich als Vorsitzender der SPD während des Krieges für einen Verständigungsfrieden ein. Am 9. November 1918 von Max von Baden zum Reichskanzler eingesetzt, bemühte er sich im *Rat der Volksbeauftragten*, die revolutionären Unruhen zu beenden und die Wahlen für eine Nationalversammlung durchzusetzen. Am 11. Februar 1919 wird er von der Nationalversammlung zum Reichspräsidenten gewählt.

OHL (Oberste Heeresleitung)
Oberste militärische Kommandobehörde im Ersten Weltkrieg, bedeutende Mitglieder waren u. a. *Ludendorff* und *Hindenburg*.
Ludendorff: zusammen mit *Hindenburg* maßgeblich am Sieg bei Tannenberg über die russischen Truppen beteiligt. Ludendorff wurde

auf Drängen Max von Badens am 26. Oktober 1918 verabschiedet (Ludendorff hatte trotz sich abzeichnender militärischer Niederlage für eine Fortsetzung des Krieges plädiert). In der Weimarer Zeit gehörte Ludendorff zu den Teilnehmern am Hitlerputsch.

Hindenburg: seit 1914 mit dem Mythos des „Siegers von Tannenberg“ umgeben, trug durch seine Aussage vor einem parlamentarischen Untersuchungsausschuss, der die Ursachen der Niederlage des Ersten Weltkriegs klären sollte, wesentlich zur Verbreitung der *Dolchstoßlegende* bei.

Zusammenfassung

September 1918
- Eingeständnis der militärischen Niederlage durch die **OHL**
- Waffenstillstandsangebot an die Alliierten

↔ • US-Präsident *Wilson* fordert Demokratisierung des Kaiserreiches als Voraussetzung für Friedensverhandlungen

↓

VERFASSUNGSREFORM
Parlamentarisches System im Deutschen Reich

↓

- Thronverzicht Wilhelms II.
- Unterzeichnung des Waffenstillstands durch *Erzberger* (Zentrum)

↔ Meuterei der Kieler Matrosen
Novemberrevolution
(3.11.1918)

↓

KRIEGSENDE

Ebert wird das Reichskanzleramt übertragen

↓

Ausrufung der Republik
durch Philipp Scheidemann, SPD (9.11.)

Ausrufung der Räte-Republik
durch Karl Liebknecht, Spartakusbund (9.11.)

↓

Rat der Volksbeauftragten
(MSDP + USDP)

Lösung ↓

Bündnis Ebert – Groener
(MSDP + alte Armee + Freikorps)

Probleme des Übergangs
- Transportprobleme
- Nahrungsmittelengpässe
- Rückführung der Armee
- Belastung des sozialen Systems
- Verhinderung einer Besetzung Deutschlands
- soziale Integration der ehemaligen Soldaten

drohender Bürgerkrieg

Lösung ↓

Umsturz
(Übernahme des Sowjetmodells)

Niederschlagung

1919

Januaraufstände

Wahlen zu einer verfassungsgebenden **Nationalversammlung**

↓

Eröffnung der Nationalversammlung in Weimar 6.2.1919

Aufgabenstellung:
- Konsolidierung der Republik
- Abschluss eines Friedensvertrages

Gründung der **KPD**
(USPD/Spartakus) 1.1.1919

↓

Ermordung *Rosa Luxemburgs* und *Karl Liebknechts* durch Freikorpsangehörige

NIEDERSCHLAGUNG DER REVOLUTION

4. Der Versailler Friedensvertrag

Das Deutsche Kaiserreich war militärisch vollständig besiegt worden. Die Deutschen mussten sich den Bestimmungen der Sieger bedingungslos beugen. OHL und Regierung hatten besondere Hoffnungen auf die **14 Punkte** des amerikanischen Präsidenten Wilson gesetzt. Ein künftiger Frieden hatte sich demnach an folgenden Prinzipien zu orientieren: Annexionen sollten ausgeschlossen werden, eine internationale Organisation sollte ihn sichern, allen Völkern war das Selbstbestimmungsrecht zuzugestehen und alle autokratisch regierten Staaten, damit auch das Deutsche Reich, waren zu demokratisieren.

Doch Wilson konnte sich gegenüber dem amerikanischen Kongress und vor allem wegen der unterschiedlichen Zielsetzungen der anderen Siegermächte nicht durchsetzen. Frankreich verlangte eine nachhaltige Schwächung Deutschlands, Großbritannien wollte ein Gleichgewicht der Kräfte in Europa und keine französische Hegemonie.

Die Friedensverhandlungen ohne deutsche Beteiligung empfand man in Deutschland als demütigend. Quer durch alle Parteien erhoben sich Entrüstung und Ablehnung, der Vertrag galt als unerfüllbar. Die größte Missbilligung verursachte allerdings die Festlegung der **alleinigen deutschen Kriegsschuld** im Artikel 231 des Versailler Vertrages. Diese Bestimmung bildete die juristische Basis aller Reparationsforderungen. Weit schwerwiegender waren jedoch die historisch-moralische Verurteilung und Isolation Deutschlands vor der Weltöffentlichkeit. Die Deutschen fühlten sich einem ungerechten Gewaltakt der Sieger ausgeliefert.

Die **Reparationen** wurden in den folgenden Jahren zu einem durchgängig die politische Diskussion beherrschenden Thema. Umstritten war die Frage, wie den Zahlungen zu entsprechen sei. Die gemäßigten Gruppierungen sahen in der Erfüllung aller Zahlungsforderungen den einzigen Weg, eine allmähliche Entlastung zu erreichen. Die radikalen Kräfte lehnten grundsätzlich jegliche Zahlungen ab. Vor allem den Nationalsozialisten lieferte die Reparationsfrage Agitationsmaterial gegen die Republik und ihre Vertreter.

Territoriale Veränderungen ergaben sich durch die Abtretung Elsass-Lothringens an Frankreich. Der polnische Korridor musste an das neu entstandene Polen abgetreten werden, das dadurch einen Zugang zur Ostsee erhielt. Ostpreußen wurde so vom Reich getrennt. Für eine Reihe von Gebieten wie Eupen-Malmedy, Nordschleswig oder Oberschlesien waren Volksabstimmungen über den Verbleib bzw. die Rückkehr in das Deutsche Reich vorgesehen. Eine Angliederung Österreichs an Deutschland war ausgeschlossen worden. Die ehemaligen Kolonien wurden den anderen Kolonialmächten unterstellt. Die linksrheinischen Gebiete wurden von französischen Truppen besetzt, rechts des Rheines entstand eine entmilitarisierte Zone. Die Reichswehr wurde auf 100 000 Mann begrenzt und die Wehrpflicht aufgehoben.

Militärischer Widerstand gegen diese mit Empörung aufgenommenen Bestimmungen war aussichtslos, sodass die Mehrheit der Abgeordneten der Nationalversammlung angesichts einer drohenden Besetzung Deutschlands zustimmen musste. Von der konservativen und völkischen Rechten wurden diese Abgeordneten alsbald als „Vaterlandsverräter“ und „Erfüllungspolitiker“ diffamiert. Im Bewusstsein eines großen Teils der deutschen Bevölkerung lag die „Schmach von Versailles“ in der Verantwortung der jungen Republik und ihrer demokratischen Repräsentanten. Somit wurde der Friedensvertrag von Versailles schon früh zu einer großen Belastung für den ersten Versuch, in Deutschland ein parlamentarisches System zu etablieren.

T 1

„Auch Sie haben noch ein Selbstbestimmungsrecht: Wünschen Sie, daß Ihnen die Taschen vor oder nach dem Tode ausgeleert werden?"

(Quelle: Das Beste aus dem Simplicissimus Hamburg, Stuttgart, Wien 1976, S. 159)

T 2 / Aus der Eröffnungsrede Friedrich Eberts vor der Verfassunggebenden Deutschen Nationalversammlung am 6. Februar 1919

„Im Vertrauen auf die Grundsätze des Präsidenten Wilson hat Deutschland die Waffen niedergelegt. Jetzt gebe man uns den Wilsonfrieden, auf den wir Anspruch haben. Unsere freie Volksrepublik, das ganze deutsche Volk erstrebt nichts anderes, als gleichberechtigt in den Bund der Völker einzutreten und sich dort durch Fleiß und Tüchtigkeit eine geachtete Stellung zu erwerben."

(Verhandlungen der Verfassunggebenden Nationalversammlung, Bd. 326, S. 1 ff. In: Elben, W. [Hrsg.], Die Weimarer Republik, Diesterweg-Verlag, Frankfurt a. M. ^{3}1968, S. 61)

Arbeitsaufträge

1. *Geben Sie die Intention der Karikatur wieder, indem Sie versuchen, die dargestellten Personen zu identifizieren.*
2. *Stellen Sie eine Beziehung zwischen Abbildung und Text her.*
3. *Inwiefern erwies sich der Friedensvertrag als eine enorme Belastung für die junge Weimarer Demokratie?*

CHRONOLOGIE

1918

8. Januar: Kongressbotschaft **Wilsons**: Formulierung der **14 Punkte** einer künftigen Friedensordnung

Oktober: Deutschland bittet um Frieden auf der Grundlage der **14 Punkte Wilsons.**

1919

18. Januar: Eröffnung der Friedenskonferenz ohne deutsche Vertreter (Gedenktag der deutschen Kaiserproklamation 1871!)

28. April: Gründung des **Völkerbundes**

7. Mai: Übergabe der Friedensbedingungen an Außenminister Brockdorff-Rantzau
Schriftliche Stellungnahme Deutschlands zu den Verträgen

12. Mai: Heftige Diskussionen in der Nationalversammlung um die Annahme des Vertrages (**Scheidemann:** „Welche Hand müßte nicht verdorren, die sich und uns in diese Fesseln legt?“)

16. Juni: Überreichung der unveränderten, endgültigen Bestimmungen an Deutschland

18./19. Juni: Sieben Minister stimmen für, sieben Minister gegen die Vertragsunterzeichnung.
Groener erklärt militärischen Widerstand für zwecklos.

21. Juni: Gustav Bauer (SPD) löst Scheidemann als Reichskanzler ab.

22. Juni: Nationalversammlung stimmt für die Annahme der Friedensbedingungen.

28. Juni: Unterzeichnung des Friedensvertrages

1920

10. Januar: Versailler Vertrag tritt in Kraft.

SACHINFORMATIONEN

Wilson, Thomas W.

Präsident der USA von 1913–1921. Anfangs für eine strikte Neutralität, duldete er doch zugleich Rüstungslieferungen an die Entente. Nach Verkündung des uneingeschränkten U-Boot-Krieges durch Deutschland erklärte er dem Deutschen Reich den Krieg. Trotz des Scheiterns seines Friedenskonzeptes *(14 Punkte)* auf der Versailler Konferenz und persönlicher Vorbehalte gegenüber dem Vertragswerk unterzeichnete er, konnte jedoch keine Kongressmehrheit für eine Ratifikation gewinnen. Er erhielt 1919 den Friedensnobelpreis.

14 Punkte

Die wichtigsten Forderungen sahen vor:

- Friede ohne Annexionen und Sicherung des Friedens durch einen Völkerbund
- Räumung aller besetzten Gebiete
- Rückgabe Elsass-Lothringens
- Selbstbestimmungsrecht für alle Völker
- Demokratisierung der autokratisch regierten Staaten durch Reformen als Voraussetzung für einen Waffenstillstand
- Beseitigung von Handelsbeschränkungen

Völkerbund

Die Völkerbundsatzung war Teil des Versailler Friedensvertrages und beabsichtigte die Schaffung einer dauerhaften Weltfriedensordnung, basierend auf dem Prinzip der *kollektiven Sicherheit.* Konflikte sollten auf friedliche Weise ausgetragen und Gewaltanwendung ausgeschlossen werden.

Die Mehrheit des amerikanischen Kongresses lehnte jedoch den Beitritt der USA zum Völkerbund ab. Da neben den USA auch das Deutsche Reich und die Sowjetunion dem Bund nicht angehörten, war sein Spielraum begrenzt.

Kollektive Sicherheit

Der Grundgedanke der kollektiven Sicherheit besteht darin, dass sich eine Gruppe von Staaten zu dem Zweck zusammenschließt, untereinander friedensgefährdende Aktionen oder Angriffshandlungen zu verhindern und gemeinsame Sanktionen gegen Aggressoren durchzuführen.

Scheidemann, Philipp

War von 1913–1918 Reichstagsabgeordneter der SPD. Ab 1911 Mitglied des Parteivorstandes. Ab 1913 Führer der Reichstagsmehrheitsfraktion und Befürworter eines *Verständigungsfriedens*. Rief am 9. November 1918 vom Balkon des Reichstagsgebäudes die Republik aus. Mitglied des *Rats der Volksbeauftragten* und der Weimarer Nationalversammlung. Wurde 1919 Reichsministerpräsident einer Regierung der Weimarer Koalition (SPD, DDP, Zentrum). Trat im Juni 1919 aus Protest gegen den Versailler Vertrag zurück.

Kriegsschuldartikel

Ursprünglich von den Alliierten als juristische Grundlage für die Wiedergutmachung der Kriegsschäden und nicht als Aussage über die Kriegsschuld gedacht, erregte der Artikel in Deutschland wegen der darin formulierten Alleinschuld ungeheure Empörung. Diese „Diffamierung" durch die Sieger gab den Gegnern der Weimarer Republik eine propagandistisch wirkungsvolle Waffe in die Hand.

„Diktat-, Schand- und Schmachfriede"

Alle Begriffe dienten v. a. der Rechten als propagandistisches Mittel zur Verunglimpfung der jungen Republik, die letztlich für den Waffenstillstand und die Annahme dieses Friedens verantwortlich gemacht worden war.

Friedensziele der Alliierten

USA: kollektive Friedenssicherung; Abbau von Handelshemmnissen, Förderung internationaler Zusammenarbeit.

Frankreich: Dauerhafte Schwächung des Deutschen Reiches, Forderung nach umfangreichen *Reparationen;* Ausbau der französischen Hegemonie in Europa; Sicherheiten gegen neuerliche Angriffe Deutschlands (entmilitarisiertes Rheinland; 100 000-Mann-Heer); Sicherheitsschutzgürtel in Mittelosteuropa gegen Russland und Deutschland (Schlüsselrolle Polens, das gestärkt werden sollte).

Großbritannien: gegen ein übermächtiges Frankreich als Gefahr für die Balance of power, keine Isolierung Deutschlands, um es als Bollwerk gegen den Bolschewismus zu erhalten; dennoch unnachgiebige Einforderung deutscher Reparationen.

Reparationen

Auf der Basis des Kriegsschuldartikels hatte Deutschland Wiedergutmachungen zu leisten und für alle Schäden aufzukommen. Die Gesamtschuld des Deutschen Reiches sollte von einer besonderen Reparationskommission festgelegt werden. 1921 wurde die Gesamtsumme mit 132 Milliarden Goldmark, zahlbar in 30 Jahren, festgelegt. Die Linderung des Zahlungsdrucks stand in der Weimarer Republik im Vordergrund aller außenpolitischen Aktivitäten. Auch die Innenpolitik wurde durch die hohe finanzielle Belastung bestimmt.

Die in späteren Abkommen des *Dawes-* und des *Youngplanes* (→ Kapitel A 8) verbesserten Zahlungsbedingungen stießen bei der politischen Rechten auf schärfste Ablehnung und wurden als „Verknechtung" von Generationen gebrandmarkt.

Erst die Konferenz von Lausanne 1932 brachte eine Beendigung der Reparationszahlungen.

Erfüllungspolitik

Mit Hilfe einer möglichst genauen Erfüllung der Bedingungen des Friedensvertrages (v. a. der Reparationen) und im Rahmen einer Verständigungspolitik mit den Siegermächten versuchten die verantwortlichen Politiker eine schrittweise Revision des Versailler Vertrages zu erreichen. Innenpolitisch wurde diese Politik jedoch als „Verzichtpolitik" v. a. durch die Rechten in Misskredit gebracht. Der Begriff „Erfüllungspolitik(er)" wurde zum propagandistischen Schlagwort der Gegner der Republik.

Zusammenfassung

INTERESSEN DER SIEGERMÄCHTE

USA

14 Punkte Präsident Wilsons
- u. a.: kollektive Friedenssicherung durch Einrichtung eines Völkerbundes, freier Welthandel

FRANKREICH

- Sicherung durch dauerhafte Schwächung des Deutschen Reiches, Ausbau der französischen Hegemonie in Europa
- Sicherheitsgürtel in Ostmitteleuropa gegen Deutschland und Russland durch Stärkung Polens

GROSSBRITANNIEN

- traditionelle Politik der Balance of Power gegen französische Hegemonialbestrebungen
- geringe Schwächung Deutschlands als Gegengewicht zu Frankreich
- keine Isolierung Deutschlands, um bolschewistisches Übergreifen auf Deutschland zu verhindern →
- Appeasement-Politik

BESTIMMUNGEN DES VERSAILLER VERTRAGES

Gebietsabtretungen

- Elsass-Lothringen an Frankreich (ohne Abstimmung)
- Nordschleswig an Dänemark (mit Abstimmung)
- Eupen-Malmedy an Belgien (mit Abstimmung)
- Posen, Westpreußen und Hinterpommern als *polnischer Korridor* an Polen
- Saargebiet für 15 Jahre unter Völkerbundkontrolle, Ausbeutung der Kohlengruben durch Frankreich (danach Abstimmung)
- Danzig mit Weichselmündung „Freie Stadt" unter Kontrolle des Völkerbundes und Sonderrechten für Polen
- sämtliche Kolonien als Mandatsgebiete verschiedener alliierter Staaten
- Verbot der Vereinigung mit Österreich

Abrüstung

- Beschränkung des Heeres auf 100 000 Mann langdienender Berufssoldaten; Verbot der allgemeinen Wehrpflicht; Verbot schwerer Waffen
- Überwachung durch alliierte Kontrollkommission
- Besetzung des linken Rheinufers und rechtsrheinischer Brückenköpfe auf 15 Jahre; Verbot der Truppenstationierung in einer Zone von 50 km rechts des Rheins

Reparationen

- neben noch festzusetzender Zahlung in Goldmark Sachlieferung

Schuldfrage

- Alleinschuld Deutschlands am Ausbruch des Krieges (Art. 231)

nach: F. A. Krummacher, A. Wucher (Hrsg.): Die Weimarer Republik, München 1965, S. 82

Wirkungen des Vertrages in Deutschland

- Enttäuschung, dass Wilson sich nicht durchsetzen konnte
- Empörung über Artikel 231
- Diffamierung der Politiker, die den Vertrag unterschrieben
- Diffamierung der Weimarer Republik

5. Die Krisenjahre 1920 – 1923

Ein **Rechtsputsch** des reaktionären Politikers Kapp, der sich auf Freikorpsverbände stützen konnte, bedrohte 1920 die Republik. Da General Seeckt den Einsatz von Reichswehrtruppen („Reichswehr schießt nicht auf Reichswehr“) verweigerte, blieb es einem von den Gewerkschaften ausgerufenen Generalstreik überlassen, die Republik zu retten. Eine politische Justiz bestrafte nur einen der Hochverräter!

Der erfolgreiche Generalstreik ermunterte die Kommunisten im Rheinland zum Aufstand. Wie bei ähnlichen Ereignissen in Sachsen und Thüringen ging die Reichswehr gegen die radikale Linke nun tatsächlich militärisch vor. Im Rheinland kam es zu separatistischen Putschversuchen, Bayern geriet in die Hand der teilweise von der Reichswehr unterstützten Rechten. Zusammen mit Ludendorff versuchte Hitler, Führer der noch wenig bedeutenden NSDAP, im Fahrwasser der bayerischen Rechtskonservativen einen Staatsstreich gegen die Republik durchzuführen. Polizei trieb seinen Demonstrationszug auseinander, Hitler selbst wurde zur Festungshaft verurteilt, aber bereits nach acht Monaten wieder freigelassen.

Noch stärker als die politischen Krisen beeinträchtigte die **Inflation** weite Teile der Bevölkerung. Der Krieg hatte eine Geldentwertung ausgelöst, da die Kriegsausgaben nicht durch Steuererhöhungen, sondern durch ungedeckte Kredite finanziert worden waren. Der Wertverfall des Geldes wurde durch geringes wirtschaftliches Steueraufkommen und hohe Staatsausgaben für Kriegsfolgelasten und Reparationsleistungen beschleunigt. Die wirtschaftliche und soziale Not nahm zu. Betroffen waren vor allem die Bevölkerungsteile, die nur Geldersparnisse besaßen. Sachwertebesitzer dagegen profitierten von der Inflation. Industrielle konnten gar neue Sachwerte schaffen, da Kredite infolge der Geldentwertung leicht zurückzuzahlen waren. Somit vollzog sich in Deutschland durch die Inflation eine Umverteilung der Vermögen und ein zunehmender wirtschaftlicher Konzentrationsprozess. Gleichzeitig erfolgte die Proletarisierung weiter Bevölkerungskreise und stürzte Millionen von Kleinsparern in den Ruin. Es waren vor allem diejenigen Bevölkerungskreise, die im Vertrauen auf den deutschen Sieg und auf den deutschen Kaiser, die Kriegsanleihen gezeichnet hatten und die nun von der Republik bitter enttäuscht worden waren. Sie schrieben den Politikern der Weimarer Koalition die Schuld für ihre Notlage zu.

Verstärkt wurde die Inflation noch durch den **Ruhrkampf**. Das Ruhrgebiet war als Faustpfand von belgischen und französischen Truppen besetzt worden. Der ausgerufene passive Widerstand der deutschen Bevölkerung brachte einen immensen Steuerausfall. Die finanziellen Kräfte des Reiches waren erschöpft. 1923 brach die neue Regierung Stresemann den Ruhrkampf ab. Eine Währungsreform legte die Basis für die wirtschaftliche Konsolidierung der zwanziger Jahre.

T 1 / Stresemann

„Der Geschichtsforscher sieht heute noch den Ausgang des Krieges für Deutschland vielfach nur in den verlorenen Gebietsteilen, verlorener praktischer Kolonialbetätigung, verlorenem Staats- und Volksvermögen. Er übersieht vielfach den schwersten Verlust, den Deutschland miterlitten hat. Dieser schwerste Verlust bestand meiner Auffassung nach darin, daß jene geistige und gewerbliche Mittelschicht, die traditionsgemäß Trägerin des Staatsgedankens war, ihre völlige Hingabe an den Staat im Kriege mit der völligen Aufgabe ihres Vermögens bezahlte und proletarisiert wurde …“

(Zit. nach A. Rosenberg, Die Geschichte der Weimarer Republik, Frankfurt/Main [11]1970, S. 129)

Arbeitsaufträge

1. *Welche These stellt Stresemann im Zusammenhang mit den Kriegsfolgen auf?*

2. *Verdeutlichen Sie anhand dieser Informationen den Sachverhalt und die Konsequenzen der Inflation von 1923.*

T 2

Proklamation

an das deutsche Volk!

**Die Regierung der Novemberverbrecher
in Berlin ist heute für
abgesetzt erklärt worden.**

**Eine provisorische deutsche
National-Regierung
ist gebildet worden.**

**Diese besteht aus
General Ludendorff
Adolf Hitler
General von Lossow
Oberst von Seisser**

(Aus: Zentner, Christian, Deutschland 1870 bis heute. Bilder und Dokumente, Stuttgart – Hamburg 1970, S. 233)

Arbeitsaufträge

1. Auf welches Ereignis weist der Plakattext hin? Welchen politischen Kreisen gehören die „Autoren" an?

2. Was bedeutet der Begriff „Novemberverbrecher"?

3. Erarbeiten Sie anhand der Sachinformationen weitere, die junge Republik erheblich gefährdende Ereignisse des Jahres 1923.

CHRONOLOGIE

1920

März: **Kapp-Lüttwitz-Putsch**

April: Aufstand der kommunistischen Roten Armee im Ruhrgebiet

1921

März: Kommunistische Unruhen in Sachsen, Thüringen, Ruhrgebiet, Hamburg

27. April: Festsetzung der deutschen Reparationssumme von insgesamt 132 Mrd. Goldmark

26. August: **Fememord** an Matthias **Erzberger**

1922

24. Juni: **Fememord** an Walther **Rathenau**

1923

9. Januar: In der Sitzung der Reparationskommission wird festgestellt, dass Deutschland vorsätzlich seine Kohlenlieferungen vernachlässigt habe.

11. Januar: Einmarsch der Franzosen in Essen und Besetzung des gesamten Ruhrgebietes. Beginn des **Ruhrkampfes**

13. Januar: Im Reichstag Verkündigung des passiven Widerstandes; Einstellung der Kohlenlieferungen, Zechen werden stillgelegt. Finanzierung des Kampfes durch neu gedrucktes, wertloses Papiergeld

12. August: Stresemann (DVP) neuer Reichskanzler und Außenminister

26. September: Passiver Widerstand muss aus wirtschaftlichen Gründen abgebrochen werden. Die **Inflation** erreicht ihren Höhepunkt.

21. Oktober: In Aachen wird die „Rheinische Republik“, in Speyer die „Pfälzische Republik“ ausgerufen.

22. Oktober: Kommunistischer Aufstand in Hamburg von der Polizei blutig niedergeschlagen

Oktober: Reichswehr setzt sächsische Regierung ab.

9. November: Hitlers Marsch zur Feldherrnhalle in München

16. November:
Währungsreform
Einführung der Rentenmark

1924

22. Januar: **Dawes-Plan**

SACHINFORMATIONEN

Kapp-Lüttwitz-Putsch

Gegenüber den staatstragenden Parteien (Weimarer Koalition) formierte sich die Rechte („Nationale Opposition"). Sie betrachtete die Demokratie als „undeutsche", importierte Staatsform. Der von General *von Lüttwitz* und dem Mitbegründer der Deutschen Vaterlandspartei, *Kapp,* durchgeführte erste Rechtsputsch konnte mithilfe eines Generalstreiks abgewehrt werden.

Kommunistische Unruhen

Der Generalstreik gegen den Kapp-Putsch weitete sich zu Aufständen gegen die Reichsregierung aus. Ein „Deutscher Oktober" sollte 1923 durch Koalitionsregierungen von SPD und KPD in Thüringen und Sachsen eine revolutionäre Umgestaltung nach russischem Vorbild erzwingen.

Separatismus

Seit 1919 zeigten sich durch alle sozialen und politischen Schichtungen hindurch separatistische Bewegungen. Finanziell wurden sie von Frankreich unterstützt (mehr Sicherheit vor dem Reich durch Abtrennung schwacher Pufferstaaten). Mit zunehmender wirtschaftlicher Stabilisierung verlor die Sezessionsbewegung ihr Hauptmotiv.

Fememord

(→ Kapitel A 4) Die Annahme des Londoner Ultimatums (Anerkennung der Reparationssumme von 132 Mrd. Goldmark innerhalb von sechs Tagen durch Deutschland) und der Beginn der „Erfüllungspolitik" verstärkten die rechtsradikale Hetze gegen die Republik. Erstes Opfer wurde der Zentrumspolitiker *Matthias Erzberger*, der sich 1917 für die Friedensresolution eingesetzt, 1918 den Waffenstillstand unterzeichnet und 1919/20 eine Steuerreform durchgeführt hatte. Einem weiteren politischen Mord fiel Außenminister *Walther Rathenau* zum Opfer (→ Kapitel A 8).

Ruhrkampf

Als die Reparationskommission Ende 1922 einen Rückstand in Holz- und Kohlelieferungen meldete, ließ *Poincaré* 1923 das Ruhrgebiet militärisch besetzen, um künftige Reparationslieferungen abzusichern. Die Reichsregierung rief, unter Hinweis auf die Unrechtmäßigkeit der Besetzung, zum passiven Widerstand auf. Da die finanzielle Leistungsfähigkeit des Reiches wegen der Unterstützung des Ruhrkampfes völlig erschöpft war, der Wert der Reichsmark in immer schnellerem Tempo schwand und *Separatisten* eine selbstständige rheinische Republik ausriefen, musste die Regierung *Stresemann* den Widerstand abbrechen. Durch die alsbald folgende Reform der deutschen Währung (Rentenmark) wurden die Voraussetzungen für eine Stabilisierung geschaffen.

Inflation

Definition: Inflation bezeichnet Preissteigerungen und damit einen Kaufkraftverlust des Geldes.

Die gestiegene Geldmenge entspricht nicht der wirtschaftlichen Leistung (Waren und Dienstleistungen), was zu ihrer Abwertung führt.

Ursache der Inflation kann der Geldbedarf des Staates in Kriegszeiten sein, wenn das benötigte Geld nicht durch Besteuerung aufgebracht wird. Die Folgen sind steigende Preise. Ursachen der zunehmend sich beschleunigenden Inflation von 1923 waren die durch Kredite getragene Weltkriegsfinanzierung und die staatliche Geldschöpfung nach dem Kriege.

Als *Konsequenz* ergab sich ein unübersehbarer Geldüberhang, durch den Warenknappheit, Preistreiberei, Spekulation und Kapitalflucht ins Ausland verursacht wurden.

Betroffen war nahezu der gesamte Mittelstand (Angestellte, Beamte, Handwerker, kleinere Unternehmer), der keine Sachwerte, sondern nur Geldersparnisse besaß und durch die völlige Entwertung verarmte. Gerade dieser Bevölkerungsteil erwies sich später als sehr anfällig für die Propaganda der Nationalsozialisten.

Einigermaßen ungeschoren gingen die Besitzer von Sachwerten aus der Inflation hervor. Vielen Unternehmern gelang es ihren Besitz weiter auszubauen, da ihre Schuldverpflichtungen mit entwertetem Geld bezahlt werden konnten.

Reichswehr

Die im Versailler Vertrag auf 100 000 Mann begrenzte Reichswehr wurde eine Armee längerdienender Freiwilliger, ein Berufsheer. Den Oberbefehl führte der Reichspräsident, stellvertretend der Reichswehrminister. Militärischer Chef der Heeresleitung war General *von Seeckt,* der sich während des *Kapp-Putsches* geweigert hatte, Reichswehreinheiten gegen die Aufständischen einzusetzen.

Seeckt hielt die Reichswehr quasi als Staat im Staate strikt aus der Tagespolitik heraus. Die Reichswehr sollte nicht zu einer aktiven Streitmacht für die Demokratie werden. Schließlich ging die Reichswehr 1933 widerstandslos zu Hitler über.

Reichsexekution

Bezeichnung von Zwangsmaßnahmen, die dem Reichspräsidenten aufgrund von Art. 48 zustanden und die gegen ein Bundesmitglied, das seine Bundespflichten verletzte, durchgeführt werden konnten.

1923 wurde die Reichshoheit gegenüber den separatistischen Bestrebungen der Volksfrontregierungen in Thüringen und Sachsen durch die Reichswehr gewaltsam eingefordert.

Demgegenüber wurde die Weigerung Bayerns, den Anweisungen Stresemanns zu folgen *(→ Marsch zur Feldherrnhalle),* unter Bruch der Verfassung nicht geahndet. General von Seeckt verweigerte das Eingreifen der Reichswehr.

Marsch zur Feldherrnhalle / Hitler-Putsch

Mehr als anderswo hatte sich in Bayern die Abneigung gegen das „rote“ Berlin und der Wunsch nach Sonderregelungen im Land herausgebildet und zu rechtsgerichteten Koalitionsregierungen geführt. Nachdem die Reichsregierung den passiven Widerstand an der Ruhr abgebrochen hatte, verkündete die bayerische Landesregierung den Ausnahmezustand für das Land. Reichswehrverbände weigerten sich, die Befehle der Reichsregierung auszuführen. Hitler versuchte, die Situation ausnutzend, die bayerische Regierung zu veranlassen, mit Truppen und Wehrverbänden nach Berlin zu marschieren. Die Landesregierung lehnte diese Pläne jedoch ab und stoppte den Zug nationalsozialistischer Kolonnen mit Hitler und Ludendorff an der Spitze. Die NSDAP wurde verboten, Hitler zu Festungshaft verurteilt.

Währungsreform

Die Konsolidierung des Geldwertes wurde durch die Einführung der *Rentenmark* erzielt. Eine Rentenmark entsprach einer Billion Papiermark und entsprach $4,20. Sie war nicht durch Gold, sondern durch Rentenbriefe einlösbar, deren Absicherung in Hypotheken aus landwirtschaftlich genutztem Boden und industriellem Vermögen bestand.

Dawesplan

Die Befürchtungen amerikanischer Finanzfachleute, ein wirtschaftlicher Zusammenbruch Europas würde die Rückzahlung der Kriegskredite unmöglich machen, führten dazu, dass die USA als Hauptgläubiger ihre Politik der freiwilligen Isolation 1923 aufgaben. Ein unter dem amerikanischen Bankier *Dawes* gebildeter Sachverständigenausschuss legte 1924 einen neuen Finanzierungsplan für die Reparationszahlungen vor, der ausschließlich unter sachlichen Gesichtspunkten und Zugrundelegung des wirtschaftlich Möglichen zustande kam. Eine Gesamtsumme der deutschen Reparationsleistungen war auch jetzt noch nicht festgelegt und die Frage der zeitlichen Begrenzung nicht angesprochen worden. Der Plan sah zunächst eine vierjährige Schonfrist für die deutsche Wirtschaft vor, in denen das Reich nur 5,4 Mrd. Reichsmark der festgelegten Reparationssumme aufbringen sollte. Zusätzlich sollte ein amerikanischer Kredit die Wiederbelebung der Wirtschaft bewirken. Der Reichstag nahm den Plan gegen den Widerstand der Rechten an.

Zusammenfassung

Anlass	Ereignis	politische Stoßrichtung	Überwindung Lösung
drohende Auflösung militärischer Einheiten	Kapp-Putsch	Weimarer Republik Versailler Vertrag	Generalstreik
Generalstreik	Volksfrontregierungen in Thüringen und Sachsen	gegen Reichsregierung für Etablierung des Sowjetmodells	massives Eingreifen (!) der Reichswehr
wirtschaftliche Probleme der Nachkriegszeit	Separatismus	gegen Weimarer Republik	zunehmende wirtschaftliche Stabilisierung
Anerkennung der Reparationssumme von 132 Mrd. Goldmark durch die deutsche Politik	politische Morde (Erzberger, Rathenau)	gegen „Erfüllungspolitiker" und „Novemberverbrecher"	Aburteilung durch politische („einäugige") Justiz
angeblicher Rückstand bei Reparationslieferungen	Ruhrkampf	passiver Widerstand gegen französische und belgische „Besetzer"	Abbruch wegen wirtschaftlicher Schwierigkeiten durch Stresemann
„bolschewistische" Umtriebe in Thüringen/Sachsen	Putsch in Bayern Hitler-Putsch	gegen „rotes" Berlin, für bayerische Sonderstellung „Marsch auf Berlin"	Einigung mit der Reichsregierung (Reichswehr weigert sich für Hitler einzugreifen); Festnahme durch bayerische Landespolizei und Festungshaft

(grau) = von rechts gerichteten Kräften
(blau) = von links gerichteten Kräften

INFLATION

Ursachen:
- Weltkriegsfinanzierung durch Kredite
- riesiger Finanzbedarf des Staates (Reparationszahlungen, Kriegsopferversorgung, Tilgung der Kriegsanleihen etc.)
- Betätigung der Notenpresse, um Geldbedarf zu befriedigen

Lösung:
Währungsreform und Einführung der Rentenmark

Folgen:
- Umverteilung des Volksvermögens
- wirtschaftlicher Konzentrationsprozess
- Verarmung der Mittelschichten
- Angst vor Proletarisierung
- Vertrauensverlust in den Weimarer Staat

6. Die Weimarer Verfassung

„Bonn ist nicht Weimar“ ist immer wieder zu hören, wenn bei Anzeichen von aufkommenden Krisen die Parallelen in der Zeit der Weimarer Republik gesucht werden. Die Väter des Grundgesetzes haben aus dem missglückten Versuch, eine demokratische Verfassung zu schaffen, gelernt, so lautete die ermutigende Aussage über die rechtsstaatliche Ordnung, die nach dem Zweiten Weltkrieg im kleinen Kreis beschlossen wurde.

Die starke Stellung, die die Weimarer Verfassung dem **Präsidenten** gab, der als eine Art „Ersatzkaiser“ fungierte, wurde im Grundgesetz erheblich reduziert. Auch wird der Präsident heute nicht vom Volk, sondern von der Bundesversammlung, bestehend aus Vertretern von Bundesrat und Bundestag, gewählt. Er ist zwar zu zahlreichen Initiativen befugt, doch bedarf ihr Inkrafttreten in der Regel der Gegenzeichnung des Bundeskanzlers oder des entsprechenden Bundesministers. Völlig aufgehoben und der Entscheidung von Bundesregierung und Bundesrat übergeben wurde das Recht des Reichspräsidenten Notverordnungen zu erlassen. Diese fast diktatorische Befugnis des Reichspräsidenten hatte fatale Folgen für die Weimarer Republik, sodass das Grundgesetz hier einen völlig anderen Weg einschlug.

Konnte in Weimar der Reichskanzler durch **Misstrauensvotum** abgesetzt werden, so bedarf es in Bonn eines **konstruktiven Misstrauensvotums,** das heißt, dass der Nachfolger gestellt sein muss, damit die Amtsgeschäfte ohne Verzögerung weitergeführt werden können.

Hinsichtlich des **Wahlrechts** zeigte sich die Weimarer Verfassung besonders fortschrittlich. Männer und Frauen über zwanzig hatten das aktive und passive Wahlrecht. Die Sitzverteilung im Reichstag erfolgte nach dem reinen Verhältniswahlrecht ohne Begrenzung, wie sie durch die 5%-Klausel im Grundgesetz festgelegt ist. Bei der Vielzahl der Parteien, die sich zur Wahl stellten, hatte dies zur Folge, dass eine Regierungsbildung nur mit verschiedenen Koalitionspartnern möglich war. Somit bestanden selten klare Mehrheitsverhältnisse über einen längeren Zeitraum.

Die **Parteien,** die sich zur Wahl stellten, waren weitgehend die gleichen, die schon in der Kaiserzeit bestanden. Sie blieben auch weiterhin Interessenparteien, die eine bestimmte Bevölkerungsgruppe vertraten, aber nie für das gesamte (Wähler-)Volk standen, was der Anspruch unserer heutigen Volksparteien wäre. Die strikte Vertretung von interessengebundenen Wählern führte bei der politischen Arbeit zu zahlreichen Konflikten, die nur selten in Kompromissen gelöst werden konnten. Das Grundgesetz erhebt Parteien zu Organen der politischen Willensbildung, fordert von ihnen aber auch ein eindeutiges Bekenntnis zur Verfassung.

T 1 / Plakat: „Gegen die Alleinherrschaft der Parlamente", 1928

(Aus: Plakate als Spiegel der politischen Parteien in der Weimarer Republik. Eine Ausstellung des Bayerischen Hauptstaatsarchivs. Ausstellungskatalog 1996, S. 127)

Arbeitsaufträge

1. *Stellen Sie Aussagen und Zielsetzung dieses Plakats zusammen.*
2. *Untersuchen Sie die Haltung der DNVP zu Hindenburg und zum Weimarer Parlament.*

T 2

„Es wurde das Schicksal dieser Verfassung, daß im entscheidenden Stadium die demokratiewillige Führung fehlte und das Volk infolge seiner totalen Meinungszersplitterung als tragender Faktor ausfiel. Die einzelnen Balanceteile der Verfassung (zuerst das Parlament) verloren durch die ungehinderte Parteienbildung allmählich ihr verfassungsmäßig einkalkuliertes Volumen. Der Reichstag wurde beschlußunfähig, das Kabinett schwankte auf der Plattform einer heterogenen, viel zu knappen Parlamentsmehrheit hin und her. So verlagerte sich naturgemäß das Schwergewicht der Verfassungsrechte auf die noch voll arbeitsfähige Institution: den Präsidenten. Er war ja als Einzelperson von wechselhaften Mehrheiten unabhängig. Hätte sich aber der Reichspräsident – getreu seinem Eid – bei allen seinen politischen Maßnahmen auf die Grundlagen der Verfassung, den materiellen Kern besonnen, so hätte, trotz der verfassungsrechtlichen Krisensituation, die Reichsverfassung von Weimar nicht so leicht aus den Angeln gehoben und durch trickreiche Advokatenschläue angeblich auf ‚legalem' Wege geradezu in ihr Gegenteil verkehrt werden können."

(Klaus Revermann, Die stufenweise Durchbrechung des Verfassungssystems der Weimarer Republik in den Jahren 1930–33, S. 143, S. 149 f)

Arbeitsaufträge

1. *Welche Mängel / Entwicklungen stellt der Text im Zusammenhang mit der Weimarer Verfassung fest?*

2. *Weisen Sie am Amt des Reichspräsidenten nach, dass die Reichsverfassung geradezu auf „legalem" Wege in ihr Gegenteil verkehrt werden konnte.*

SACHINFORMATIONEN

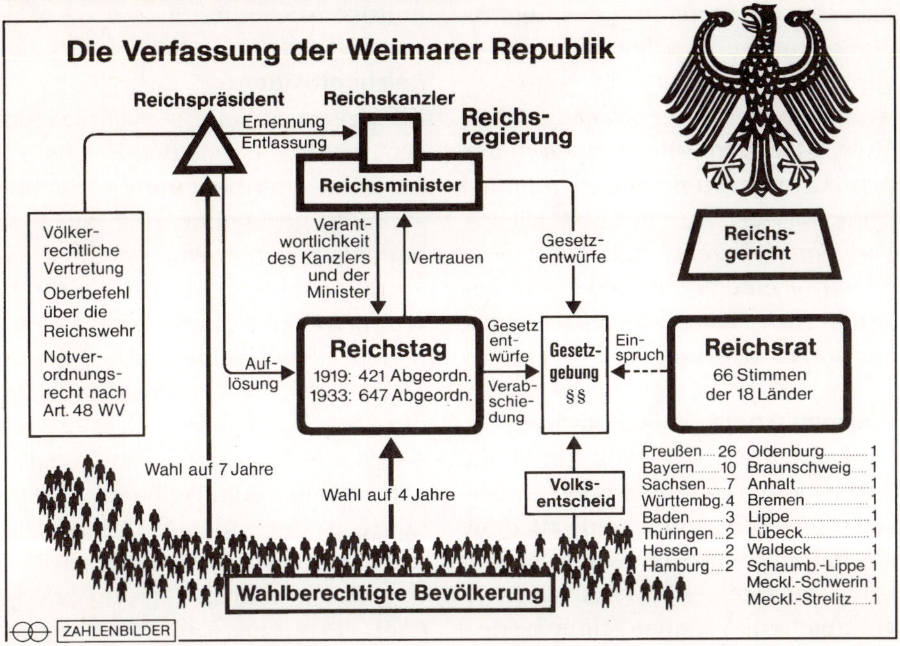

Legitimation

Die am 31. Juli 1919 verabschiedete Weimarer Verfassung war das Ergebnis heftiger Debatten um eine möglichst freiheitliche Verfassungsstruktur und berücksichtigte liberale und demokratische Traditionen der 48er Revolution: Das Volk galt als Souverän, repräsentiert im Reichstag, wirkte es durch Volksbegehren und Volksentscheide auch an der Legislative mit. Ebenso wurde der Reichspräsident durch direkte Volkswahl legitimiert.

Partizipation

Die Teilnahme *(Partizipation)* des Wahlvolkes an der Verfassung war durch mehrere plebiszitäre Elemente gewährleistet. Dazu gehörten die Direktwahl des Reichspräsidenten durch das Volk, die Wahl des Reichstages und die Instrumente des Volksbegehrens und des Volksentscheides.

Wahlsystem

Der Reichstag sollte unmittelbares Spiegelbild des Volkswillens sein und durch das demokratischste

Wahlrecht seiner Zeit gebildet werden: Die Abgeordneten des Reichstages wurden in allgemeiner, gleicher, unmittelbarer und geheimer Wahl von den über zwanzig Jahre alten Männern und Frauen nach den Grundsätzen der *Verhältniswahl* auf vier Jahre gewählt. Dieses *Verhältniswahlrecht* gab auch Parteien mit einem geringen Stimmenanteil die Chance, einen Sitz im Parlament zu erlangen.

Volksentscheid, Volksbegehren

Möglichkeiten, das Volk direkt an Entscheidungen teilnehmen zu lassen. Dem Volksentscheid, zu dem die Initiative aus der Wählerschaft kam, musste ein Volksbegehren vorangehen. $^1/_{10}$ aller Stimmen der Wahlberechtigten konnte einen Volksentscheid herbeiführen.

Parteien

(→ Kapitel A 7) Durch das Verhältniswahlrecht konkurrierte eine Vielzahl von Parteien miteinander, die sich als wenig kompromiss- und koalitionsfähig erwiesen. Diese Schwierigkeiten wurden dadurch noch verstärkt, dass die Verfassung ein Parteienverbot nicht vorsah und somit auch die Demokratie ablehnende bzw. bekämpfende Parteien im Reichstag vertreten waren. Häufig wechselnde Koalitionsregierungen erschwerten eine politische Kontinuität.

Reichspräsident

Konzipiert als eine Art „Ersatzkaiser“, ergab sich für den Reichspräsidenten eine bedeutende Rechtsstellung gegenüber den anderen Verfassungsorganen. Nach dem Sturz der Monarchie 1918 befürchtete man einen „Parlamentsabsolutismus“, dem keine eindämmende Macht mehr gegenüberstand. Die direkte Wahl des Präsidenten durch das Volk sollte eine Art Gegengewicht unmittelbarer Demokratie zu der „Allmacht“ der Parlamentarier sein. Die Amtszeit betrug sieben Jahre. Aufgrund des *Artikels 48* verfügte er über die sogenannte „Diktaturgewalt“, d. h., er konnte vorübergehend wichtige Grundrechte ganz oder zum Teil außer Kraft setzen und war in der Lage, Notverordnungen (gesetzliche Maßnahmen ohne Mitwirkung des Parlaments) zu erlassen.

Artikel 48

Der Reichspräsident *„kann, wenn im Deutschen Reiche die öffentliche Sicherheit und Ordnung erheblich gestört oder gefährdet wird, die zur Wiederherstellung der öffentlichen Sicherheit und Ordnung nötigen Maßnahmen treffen, erforderlichen-*

falls mit Hilfe der bewaffneten Macht einschreiten. [...] *Die Maßnahmen sind auf Verlangen des Reichspräsidenten oder des Reichstages außer Kraft zu setzen."*
Dieser Artikel regelte den Ausnahmezustand und gab dem Reichspräsidenten für diesen Fall erhebliche Machtbefugnisse, fast die Stellung eines Diktators. Eine parlamentarische Kontrolle gegen den Artikel war praktisch wirkungslos, da der Reichspräsident den Reichstag auflösen konnte: *„Der Reichspräsident kann den Reichstag auflösen, jedoch nur einmal aus dem gleichen Anlaß."* [Art. 25]

Artikel 54

Im Sinne eines Systems gegenseitiger Kontrolle konnte der Reichstag als Gegengewicht zur Macht des Reichspräsidenten verstanden werden. Im Artikel 54 hieß es: *„Der Reichskanzler und die Reichsminister bedürfen zu ihrer Amtsführung des Vertrauens des Reichstages. Jeder von ihnen muß zurücktreten, wenn ihm der Reichstag durch ausdrücklichen Beschluß das Vertrauen entzieht."* Da dem Reichspräsidenten jedoch das Recht der Parlamentsauflösung zustand, waren die Gewichte zu seinen Gunsten entscheidend verschoben.

Präsidialkabinette

Der Reichspräsident hatte die Möglichkeit, Regierungen ins Amt zu berufen, die ohne Mehrheit des Reichstages arbeiteten, was gegen Ende der Weimarer Republik zunehmend geschah.

Misstrauensvotum

Der Reichstag konnte jederzeit durch das Misstrauensvotum gestürzt werden, ohne dass eine nachfolgende Regierung bereitstand. Das Grundgesetz kennt daher das sog. „konstruktive Misstrauensvotum". Dabei steht im Falle eines Sturzes der amtierenden Regierung bereits die Nachfolge fest. Eine Übernahme der Regierungsgewalt ist somit unverzüglich und ohne Neuwahlen gewährleistet.

Zusammenfassung

„Bonn ist nicht Weimar"

Ein Verfassungsvergleich

	Weimarer Verfassung	Bonner Grundgesetz
Staatsoberhaupt	Reichspräsident	Bundespräsident
Amtsdauer	7 Jahre	5 Jahre
Wahl	Volkswahl (Art. 41)	Bundesversammlung (Art. 54)
Ernennung, Entlassung des Kanzlers	ohne Mitwirken des Parlaments (Art. 53)	durch den Bundestag (Art. 63)
Wehrmacht	Oberbefehl (Art. 47)	kein Oberbefehl
Ausnahmezustand	Art. 48	nicht vorgesehen
Gesetzgebungsnotstand	Notverordnungen nach Art. 48	nur zusammen mit der Bundesregierung und dem Bundesrat (Art. 81)
Parlamentsauflösung	Art. 25	nur beschränkt (Art. 63,4), beschränkt bei Misstrauensvotum (Art. 68)
Volksentscheid	gegen Reichstagsbeschluss (Art. 75) Verfassungsänderung (Art. 76) Gesetzgebungsmittel (Art. 73-74)	nur zur Neugliederung des Bundesgebietes (Art. 29)
Parteien	Rechte und Pflichten nicht definiert, in ihrer innenparteilichen Organisation völlig frei	Organe der politischen Willensbildung (Art. 21)
Verfassungsschutz bzw. -widrigkeit	kein Parteienverbot vorgesehen; keine „streitbare" Demokratie	Parteien (Art. 21,2)
Wahlrecht	reines Verhältniswahlrecht	kombiniertes Verhältnis- und Mehrheitswahlrecht mit 5%-Klausel
	Merkmale des demokratischen Rechtsstaates	
Volkssouveränität	Art. 1,2	Art. 20,2
Sozialstaat	nicht ausdrücklich erwähnt	Art. 20,1
Gewaltenteilung	nicht ausdrücklich erwähnt	Art. 20,2
Grundrechte	aufgrund der Forderungen der Volksbeauftragten nachträglich hinzugefügter Grundrechtekatalog waren nicht einklagbar; Gesetzgebung und Rechtsprechung waren nicht an sie gebunden	Basis und erster Hauptteil des GG, im Wesensgehalt nicht veränderbar Rechtsstaatlichkeit, Art. 20
Einschränkung	Art. 48	s. Gesetzgebungsnotstand
Verwirkung	keine Grundrechtsbindung	durch BVerfG bei Verletzung der Grundrechte zum Schaden der Demokratie (Art. 18)

nach : Mickel, Wiegand: Geschichte, Politik, Gesellschaft, Bd. 1, Frankfurt/Main1988

7. Das Parteiensystem

Der Zusammenbruch des Kaiserreiches veränderte die Parteienlandschaft nicht grundsätzlich. Außer dem Zentrum und der SPD traten sie unter veränderten Namen an. Doch ihre parteigeschichtliche Tradition, ihre weltanschauliche Ausrichtung und ihre schichtenspezifischen, ökonomisch-sozialen Interessen wurden durch die neue Staatsform nicht berührt. Die Parteien blieben ihrem Charakter nach **Interessenparteien**, fixiert auf ein festes Programm für eine bestimmte Wählergruppe.

Die Konservativen, wie die monarchistische DNVP und die an die Interessen der Großindustrie angelehnte bürgerlich-liberale DVP, standen der Republik ablehnend gegenüber, tolerierten sie allerdings anfänglich noch. Die DDP und das Zentrum begrüßten die neue Staatsform oder fanden sich zumindest mit ihr ab. Die Linke blieb gespalten, nachdem zunächst die USPD ausgeschert war und später die im Januar 1919 gegründete KPD einen Teil der Arbeiterschaft für sich gewann.

Von Anfang an zog sich ein tiefer Graben durch das Parteiensystem zwischen den Parteien, die hinter dem neuen Staat standen, und denjenigen, die die Republik und das parlamentarische System verneinten oder es gar zerstören wollten. Zwischen beiden Gruppen gab es so gut wie keine Kompromissbereitschaft. Die parlamentarische Arbeit war damit von Anfang an belastet, Koalitionen erwiesen sich als schwierig und nur von kurzer Dauer.

Vor allem im letzten Drittel der Weimarer Republik führten die Zuspitzung der unterschiedlichen Interessen und die in ihr zum Ausdruck kommende Polarisierung zwischen den radikalen Parteien zu einer weiteren Schwächung der demokratischen Mitte und damit letztendlich zum Untergang des parlamentarischen Systems.

T 1 / Sie tragen die Buchstaben der Firma – aber wer trägt den Geist?

(Karikatur aus dem Simplicissimus von 1927, Bildarchiv Preußischer Kulturbesitz, Berlin)

Arbeitsaufträge

1. *Erläutern Sie die Darstellung der Karikatur, indem Sie versuchen, die einzelnen Personen zu identifizieren.*
2. *Inwiefern trug das Parteiensystem zum Niedergang der Weimarer Republik bei?*

T 2 / Moeller van den Bruck, Das Dritte Reich

Als der Weltkrieg mit Zusammenbruch endete, da gingen wir bei unserer Arbeit, die wir am anderen Tage aufnahmen, von der Überzeugung aus, daß alles Elend deutscher Politik von den Parteien kommt. Und als wir dieser Arbeit im Juli 1919, am Tage nach Versailles, die bestimmte politische Richtung gaben, da fanden wir auf unserem Wege überall Deutsche, die sich „parteilos" nannten, die von „parteifrei" sprachen, die sich auf einen „überparteilichen" Standort zu stellen suchten. Aber der Gedanke der Parteiüberwindung erfaßte immer nur den Einzelnen. Die Parteien sind geblieben. Und die Parlamente blieben der Sprechort unseres politischen Lebens, statt ihr Tatort zu werden. Wer zu Tätigkeit in politischer Öffentlichkeit gelangen wollte, der mußte sich einer Partei anschließen. Er mußte in die Parlamente gehen, auch wenn er dem System feind war.

(In: Sontheimer, Antidemokratisches Denken in der Weimarer Republik. Die politischen Ideen des Nationalismus zwischen 1918 und 1933. München 1962, S. 200)

Arbeitsaufträge

1. *Machen Sie sich deutlich, wie der Autor das Weimarer Parteiensystem charakterisiert.*

2. *Welche Einschätzung demokratischer Parteien spricht aus diesen Äußerungen?*

CHRONOLOGIE

1919

19. Januar: Wahlen zur Nationalversammlung: Sieg der **Weimarer Koalition** (SPD 37,9%, Zentrum 19,7%, DDP 18,6% = 76,2%)

7. Dezember: Die Neuwahlen ergaben größere Verluste der radikalen Parteien und eine Stärkung der SPD.

1920

6. Juni: Durch heftige Wechselwählerbewegungen verursacht, bricht die **Weimarer Koalition** auseinander. Es gelingt ihr bis zum Ende der Republik nicht mehr die Mehrheit zu erlangen.

1924

4. Mai: Im Vorfeld der Wahlen wurde der Dawes-Plan ratifiziert, der eine Neuregelung der Reparationen vorsah und Deutschland mit Krediten unterstützen sollte. Die Wahlen brachten erhebliche Verluste für alle an der Regierung beteiligten Parteien und ein Anwachsen der Gegner der Republik von rechts und links. Die NSDAP zog zum ersten Mal in den Reichstag ein.
Nach Verabschiedung der Dawes-Plan-Gesetze wurde der neue Reichstag im Oktober 1924 bereits wieder aufgelöst.

1928

20. Mai: Sozialpolitische Differenzen (Arbeitszeitgesetz und Beamtenbesoldungserhöhung) und Meinungsverschiedenheiten über Stresemanns Außenpolitik waren nicht mehr lösbar geworden. Ein Konflikt um die Frage eines Reichsschulgesetzes (Konfessionsschulen) brachte den Bruch. Die Wahlen ergaben ein klares Votum für die Linksparteien (**SPD** und **KPD** = 42% aller Mandate). Hermann Müller, SPD, bildete eine „Große Koalition".

1930

14. September: Brünings Deflationspolitik verursachte ein sehr deutliches Anwachsen der Stimmen für die extreme Rechte bzw. Linke. Nahezu zwei Fünftel aller Stimmen gingen an jene Parteien, deren erklärtes Ziel die Abschaffung der Republik war: **NSDAP**, **KPD** und **DNVP**.

1932

31. Juli: Straßenschlachten und terroristische Aktionen der radikalen Parteien bildeten den Hintergrund der Reichstagswahlen, die nahezu eine Verdoppelung der Stimmen der **NSDAP** brachten. **KPD** und **NSDAP** zusammen erreichten mehr als 50% der Mandate und bildeten damit eine parlamentarische Entscheidungen lahmlegende **„negative Mehrheit“**.

6. November: Blutige Kämpfe zwischen SA und paramilitärischen Verbänden der KPD sowie Streiks kennzeichneten den Wahlkampf zur Reichstagswahl. Der Stimmenanteil der **NSDAP** sank zugunsten der **DNVP**, die **KPD** konnte ihren Anteil zuungunsten der **SPD** erheblich steigern. Die negative Mehrheit der republikfeindlichen Parteien blieb bestehen.

SACHINFORMATIONEN

Parteien

Die vier Hauptströmungen der deutschen Parteipolitik blieben auch in der Weimarer Republik bestehen:
Die liberalen Parteien DDP und DVP, die sozialistischen Parteien SPD und KPD, die konservativen Parteien wie die DNVP und der politische Katholizismus, repräsentiert durch das Zentrum.

DVP (Deutsche Volkspartei)

Bis 1929 (Stresemanns Tod) war die DVP eine liberale, staatstragende Partei, allerdings immer unter dem Vorbehalt, dass die Monarchie die den Deutschen adäquate Staatsform sei. Nach 1929 entwickelte sie sich zu einer antimarxistischen Wirtschaftspartei. In ihr dominierte der Einfluss großbürgerlicher, großindustrieller Vertreter.

DDP
(Deutsche Demokratische Partei)

Ab Juli 1930 Deutsche Staatspartei, war sie die Verfassungspartei der Weimarer Republik. Als Nachfolgerin der Fortschrittspartei stellte sie eine linksliberale, bürgerlich-demokratische Gruppierung dar. Sie fand ihre Anhängerschaft im Bildungsbürgertum und im gewerblichen Mittelstand.

Zentrum

Offiziell war das Zentrum eine „christliche“, keine „katholische“ Partei. Um ihre Überkonfessionalität zu betonen, nannte sie sich nach der Revolution vorübergehend „Christliche Volkspartei“. In Wirklichkeit blieb sie jedoch konfessionell gebunden. Die Partei bekannte sich stets zur Weimarer Republik und nahm von 1919 bis 1932 an allen Reichsregierungen teil.

Dem Ermächtigungsgesetz stimmte die Partei 1933 zu. Am 5. Juli 1933 löste sie sich als letzte bürgerliche Partei auf.

DNVP (Deutsch-Nationale Volkspartei)

Die DNVP stand stets am äußeren rechten Rand des Parteiensystems von Weimar. Sie besaß ihre Stützen in Adel, protestantischer Kirche und gehobenem Bürgertum und erhielt infolge der Kriegsereignisse auch Zulauf national gesinnter Gruppen des Kleinbürgertums und der paramilitärischen Verbände der Kriegsveteranen. Das Bekenntnis zur Monarchie stand im Vordergrund aller programmatischen Äußerungen. Der Kampf galt dem Versailler Vertrag, der „Erfüllungspolitik“, den innenpolitischen Machtverhältnissen und insbesondere der Sozialdemokratie. Ab 1928, als die Partei bei den Reichstagswahlen eine Niederlage erlitten hatte, verschärfte sie unter *Hugenberg* die Oppositionspolitik gegen das „System“ des Weimarer Staates. Beim Kampf gegen den Young-Plan und in der *Harzburger Front* arbeiteten die Deutschnationalen mit der NSDAP zusammen und machten sie auf diese Weise „hoffähig“.

Die DNVP ermöglichte im Januar 1933 die Bildung des Kabinetts Hitler, an dem sie maßgeblich beteiligt war. Am 27. Juni 1933 löste sich die Partei selbst auf.

KPD (Kommunistische Partei)

Die KPD war aus dem „Spartakusbund“ hervorgegangen, der – damals noch als „Spartakusgruppe“ bezeichnet – seit 1917 formal der USPD (Unabhängige SPD) angeschlossen war. Die Partei lehnte die Weimarer Republik grundsätzlich ab und forderte die Weltrevolution, die Diktatur des Proletariates und die klassenlose Gesellschaft. Sie sah sich als „Partei neuen Typs“ nach sowjetischem Vorbild.

SPD (Sozialdemokratische Partei Deutschlands)

Die im Krieg angebahnte Versöhnung mit dem bestehenden Staat setzte sich darin fort, dass die SPD den neuen Staat in voller Verantwortung mittrug und sich dabei durchaus auf Kompromisse mit den konservativen Kräften einließ. Die SPD blieb bis Mitte 1932 stärkste Partei im Reichstag.

NSDAP (Nationalsozialistische Deutsche Arbeiterpartei)

Entstanden war die Partei in der Nachkriegszeit. Sie versuchte alle Unzufriedenen und Entwurzelten, von den Konservativen bis hin zu den Sozialisten, in einer autoritär geführten Massenpartei zu sammeln. Sie bekannte sich offen zur Ablehnung von Parlamentarismus und Parteienstaat, zu einem extremen Nationalismus (gegen den Vertrag von Versailles), zu Antisemitismus, Antiliberalismus, Antimarxismus und -bolschewismus, was sie nicht daran hinderte, das Parlament für ihre Zwecke zu gebrauchen. Trotz populistischer Zielsetzungen war die NSDAP lange relativ bedeutungslos. Ab 1929, mit dem Beginn der Wirtschaftskrise, entwickelte sich die Partei jedoch zur mitglieder- und wählerstärksten Massenpartei in Deutschland.

Weimarer Koalition

Die Parteien der *Friedensresolution* vom Juli 1917, SPD, Zentrum und Fortschrittspartei (später DDP), bildeten 1919 die Weimarer Koalition. Alle drei Parteien bekannten sich zur parlamentarischen und repräsentativen Demokratie. Bis 1932 waren *Zentrum* und *DDP* an allen 18 Regierungen beteiligt, die *SPD* stand gleichfalls häufig in der Regierungsverantwortung oder tolerierte Minderheitsregierungen.

Zusammenfassung

	„Links"		„Mitte"		„Rechts"		
	(USPD) KPD	SPD	DDP	Zentrum	DVP	DNVP	NSDAP
		„Weimarer Koalition"					
Programmatik	Kaderpartei, Aufbau des Sozialismus, Anlehnung an SU und Komintern	für die Republik und Reformen als Weg zum Sozialismus	bürgerlich-demokratisch, für die repräsentative Demokratie	Bekenntnis zur parlamentarischen und repräsentativen Demokratie	Monarchie als adäquate Staatsform für Deutschland	Bekenntnis zur Monarchie, antidemokratisch, antirepublikanisch	antiparlamentarisch, antidemokratisch; Zerstörung des „Weimarer Systems"
Klientel	„linke" Arbeiterschaft	„rechte" Arbeiterschaft	Bildungsbürger, gewerblicher Mittelstand	Katholiken und konfessionell Gebundene	industrielle Kreise, Spitzen der Schwerindustrie	Adel, gehobenes Bürgertum, national gesinnte Kleinbürger, ostelbische Großagrarier, ehemalige Offiziere	alle Schichten der Bevölkerung, relativ geringer Anteil in der Arbeiterschaft; hoher Anteil Kleinbürger und Angestellte

staatstragend, staatsbejahend

staatszerstörend, staatsverneinend

8. Die Außenpolitik

Die Außenpolitik der Weimarer Republik war durch die Bestimmungen des Versailler Vertrages vorgezeichnet worden. Während die Siegermächte in erster Linie an der Einhaltung der Verträge und an der Aufrechterhaltung der Solidarität der Alliierten interessiert waren, versuchte das Deutsche Reich aus der politischen **Isolation** herauszutreten und die ihm auferlegten Forderungen abzumildern oder ganz aufzuheben. Dabei ging es besonders um die Reparationen und die territorialen Veränderungen.

1922 gelang es dem Deutschen Reich in **Rapallo** einen Vertrag mit der Sowjetunion zu schließen, in dem auf Kriegsentschädigungen verzichtet und eine wirtschaftliche und militärische Zusammenarbeit beschlossen wurde. Dieser Vertrag stieß auf erheblichen Widerstand Frankreichs.

Die außenpolitischen Bemühungen der Weimarer Koalition waren ständiger Angriffspunkt der innenpolitischen Gegner. Außenminister **Walther Rathenau,** der durch buchstabengetreue Erfüllung des Versailler Vertrags das Vertrauen der ehemaligen Kriegsgegner gewinnen und die Unerfüllbarkeit der Forderungen deutlich machen wollte, wurde als „Erfüllungspolitiker“ diffamiert und schließlich auf offener Straße ermordet.

Auch **Gustav Stresemann,** von 1923–1929 für die Außenpolitik der Republik verantwortlich, sah sich massiven Angriffen der Rechten ausgesetzt, die in ihm einen Verräter Deutschlands sahen, nachdem er eine Verständigung mit Frankreich erreicht hatte. Der **Vertrag von Locarno** wurde 1925 ein erster Erfolg dieser Verständigungspolitik zwischen Deutschland und Frankreich. Das Deutsche Reich erkannte die Westgrenze an und sicherte die Entmilitarisierung des Rheinlands zu. Damit entsprach es dem französischen Sicherheitsbedürfnis. An der Ostgrenze verzichtete das Reich auf jede gewaltsame Veränderung. Die Politik Stresemanns bewirkte die feierliche Aufnahme des Deutschen Reiches in den Völkerbund im folgenden Jahr.

Sowohl in Deutschland als auch in Frankreich löste der Vertrag von Locarno heftige Kontroversen aus. Die vereinbarten Auswirkungen des Vertrages, wie die vorzeitige Räumung des Ruhrgebietes und der Beitritt Deutschlands zum Völkerbund, führten in Frankreich zum Vorwurf, nur Deutschland profitiere von diesem Vertrag. In Deutschland wiederum prangerte die nationale Rechte die Locarno-Politik als Verrat deutscher Interessen an.

Eine spürbare Verbesserung in der Reparationsfrage wurde im Jahre 1924 auf einer unter dem Vorsitz des amerikanischen Bankiers **Dawes** stattfindenden Konferenz erzielt. Die deutschen Zahlungen wurden an die tatsächliche wirtschaftliche Leistungsfähigkeit gekoppelt. In der Zeit der Weltwirtschaftskrise sollte das Deutsche Reich seine Zahlungsschuld nach dem **Young-Plan** in gleichmäßigen Raten begleichen. Doch bereits 1932 wurden die Reparationszahlungen ganz aufgehoben.

T 1 / Stresemanns „Kronprinzenbrief" 7. 9. 1925

[...] Die deutsche Außenpolitik hat nach meiner Auffassung für die nächste absehbare Zeit drei große Aufgaben:
Einmal die Lösung der Reparationsfrage in einem für Deutschland erträglichen Sinne und die Sicherung des Friedens, die die Voraussetzung für eine Wiedererstarkung Deutschlands ist. Zweitens rechne ich dazu den Schutz der Auslandsdeutschen, [...] die jetzt [...] in fremden Ländern leben. Die dritte große Aufgabe ist die Korrektur der Ostgrenzen [...]
Die Frage des Optierens zwischen Osten und Westen erfolgt durch unseren Eintritt in den Völkerbund nicht. Optieren kann man ja übrigens nur, wenn man eine militärische Macht hinter sich hat. Das fehlt uns leider. Wir können weder zum Kontinentaldegen für England werden [...] noch können wir uns auf ein deutsch-russisches Bündnis einlassen. Ich warne vor einer Utopie, mit dem Bolschewismus zu kokettieren. [...] Das Wichtigste ist für die unter 1) berührte Frage der deutschen Politik das Freiwerden deutschen Landes von fremder Besatzung. Wir müssen den Würger erst vom Hals haben. Deshalb wird die deutsche Politik [...] in dieser Beziehung zunächst darin bestehen müssen, zu finassieren und den großen Entscheidungen auszuweichen.

(Michalka, W. / Niedhart, G.: Die ungeliebte Republik. [dtv-Dokumente 2918], München 1980, S. 162 ff)

T 2 / Plakat der DNVP zum Locarno-Vertrag vom 22. 2. 1926

(Friedrich Arnold [Hrsg.]: Anschläge. Deutsche Plakate als Dokumente der Zeit 1900–1960. Ebenhausen b. München 1963, Nr. III/4)

Arbeitsaufträge

1. *Ordnen Sie Text und Plakat historisch ein.*
2. *Welche außenpolitische Strategie lässt sich Stresemanns Überlegungen entnehmen?*
3. *Mit welchen innenpolitischen Schwierigkeiten sah sich Stresemann hinsichtlich seiner außenpolitischen Zielsetzungen konfrontiert?*

CHRONOLOGIE

1921

Londoner Konferenz, Festsetzung der deutschen Reparationsverpflichtungen auf 132 Mrd. Goldmark

1922

Vertrag von **Rapallo** zwischen Deutschland und der Sowjetunion: Gegenseitige diplomatische Anerkennung, Verzicht auf Kriegsentschädigungen, (geheimgehaltene) militärische Kooperation

1923
Besetzung des Ruhrgebietes durch belgische und französische Truppen

Stresemann tritt als Reichskanzler zurück, bleibt aber als Außenminister unter wechselnden Regierungen bis zu seinem Tode 1929 im Kabinett.

29. August 1924
Dawes-Plan: Bindung der Reparationszahlungen an die wirtschaftliche Entwicklung Deutschlands

1925
Räumung des Ruhrgebietes

16. Oktober: Verträge von **Locarno**: Deutschland garantiert strittige Westgrenzen.

1926
Berliner Vertrag, Deutschland sichert der Sowjetunion im Falle eines Krieges gegen Dritte Neutralität zu.
Aufnahme Deutschlands in den Völkerbund (10. September)
Verleihung des Friedensnobelpreises an **Stresemann, Briand** und **Chamberlain**

1928
Deutschland tritt dem **Briand-Kellog-Pakt** bei:
Verzicht auf Krieg als Mittel der Politik

1929
Tod **Stresemanns**

1930
Young-Plan: Neue Festlegung der deutschen Reparationszahlungen

1931
Hoover-Moratorium: Aufschub der Reparationszahlungen um ein Jahr

1932
Konferenz von Lausanne:
Endgültige Streichung der deutschen Reparationszahlungen

SACHINFORMATIONEN

Alleinschuld

Der Art. 231 des Versailler Friedensvertrags lautete: *„Die Alliierten und assoziierten Regierungen erklären, und Deutschland erkennt an, daß Deutschland und seine Verbündeten als Urheber für alle Verluste und Schäden verantwortlich sind, die die alliierten und assoziierten Regierungen und ihre Staatsangehörigen infolge des ihnen durch den Angriff Deutschlands und seiner Verbündeten aufgezwungenen Krieges erlitten haben."*

Der Kriegsschuldartikel war die Basis für die Reparationsforderungen.

Auslandsdeutsche

Aufgrund der Bestimmungen der Pariser Vorortverträge lebte eine große Anzahl Deutscher in den neu geschaffenen Staaten Ostmittel-, Ost- und Südosteuropas. Die größten deutschen Bevölkerungsanteile verzeichnete Polen (polnischer Korridor) und die Tschechoslowakei (Sudetendeutsche).

Erfüllungspolitik

Dieser Begriff, v. a. von der Rechten diffamierend in die politische Auseinandersetzung eingebracht, bezeichnete den Versuch, die Unmöglichkeit der Reparationsforderungen durch eine buchstabengetreue Erfüllung der Versailler Bestimmungen nachzuweisen und dadurch eine Neuregelung der Zahlungen zu bewirken.

Stresemann, Gustav

Unterstützte während des Krieges als überzeugter Monarchist eine Annexionspolitik, die Deutschland weit über die Grenzen von 1914 vergrößern sollte. Zu Anfang der Republik stand er mit seiner monarchistisch gesinnten DVP in Opposition zum neuen Staat, bekannte sich jedoch im Krisenjahr 1923 zur Republik. Im selben Jahr beendete er als Kanzler der Großen Koalition den aussichtslosen Widerstand gegen die *Ruhrbesetzung*. Unter seiner Kanzlerschaft wurde die Inflation gestoppt und mit der Einführung der Rentenmark eine Stabilisierung der Währung erreicht.

Stresemann scheiterte an der 1923 gestellten Vertrauensfrage, blieb aber in allen Kabinetten bis 1929 Außenminister und die bestimmende Persönlichkeit der deutschen Außenpolitik.

Rapallo

Am 16. 4. 1922 verzichteten die *Sowjetunion* und *Deutschland* auf gegenseitige Forderungen – Russland auf Reparationszahlungen, Deutschland auf Entschädigung für sozialisiertes deutsches Eigentum. Beide Staaten nahmen diplomatische Beziehungen auf und verbesserten ihre Handelsbeziehungen. Angehörige der Reichswehr konnten sich an schweren Waffen, die Deutschland laut dem Versailler Vertrag nicht besitzen durfte, in der Sowjetunion ausbilden lassen, sowjetische Offiziere erhielten in Deutschland Generalstabsausbildung.

Locarno

Erst nachdem in Frankreich 1924 eine Linkskoalition an die Regierung gekommen war, war eine französische Verständigung mit Deutschland möglich geworden. Deutschland erkannte im *Vertrag von Locarno* die bestehende Westgrenze an, sicherte eine dauerhafte Entmilitarisierung des *Rheinlandes* zu und verpflichtete sich, die Ostgrenzen Deutschlands nicht gewaltsam zu verändern. Als Folge dieser Vereinbarungen gelang es Stresemann, die Räumung der Kölner Zone und den Beitritt zum *Völkerbund* zu erreichen.

Briand-Kellog-Pakt

Sogenannter „Kriegsächtungspakt", der die Staaten aufforderte, künftig Konflikte mit friedlichen Mitteln auszutragen. Stresemann erhoffte sich von der deutschen Unterstützung dieses Paktes eine schnellere Beendigung der Besetzung des Rheinlands.

Dawes-Plan

Mit dem Abbruch des Ruhrkampfes und der Sanierung der deutschen Währung 1923 schuf Stresemann die Grundlage für eine Regelung der Reparationszahlungen, die sich an der wirtschaftlichen Leistungsfähigkeit orientieren sollten. Der amerikanische Finanzexperte *Dawes* hatte hierzu ein Gutachten erarbeitet, das die deutschen Zahlungen in jährliche Raten von 2,5 Mrd. Mark aufteilte. Darüber hinaus sollte damit die Rückzahlung der amerikanischen Kriegskredite durch die Alliierten gesichert werden. Zur wirtschaftlichen Gesundung Deutschlands sollte eine Auslandsanleihe von 800 Millionen Mark beitragen. Die Gesamthöhe und die Dauer der Reparationen wurden allerdings nicht festgelegt.

Young-Plan

Die im *Dawes-Plan* festgelegten Jahreszahlungen konnten vom Deutschen Reich nach Ausbruch der Weltwirtschaftskrise nicht mehr geleistet werden. Unter dem Vorsitz des amerikanischen Finanzmanagers *Young* und mit Beteiligung einer deutschen Delegation wurden die Höhe und die Dauer der Reparationszahlungen endgültig festgelegt: 112 Mrd. Goldmark sollten in 59 Jahresraten von 2 Mrd. Mark gezahlt werden. Die internationalen Kontrollen über Reichsbank und Reichsbahn entfielen. Die Räumung des Rheinlandes im Gegenzug zur Ratifizierung des Young-Planes im Reichstag wurde festgelegt. Doch schon 1931 wurden im sogenannten *Hoover-Moratorium* die Zahlungen eingestellt und 1932 auf der *Konferenz von Lausanne* ganz aufgehoben.

Berliner Vertrag

In ihm sicherte das Deutsche Reich der Sowjetunion im Falle eines Krieges Neutralität zu. Dies konnte auch als eine gegen Frankreich gerichtete Politik aufgefasst werden, da im Falle eines russisch-polnischen Krieges Frankreich Polen nicht mehr auf dem Weg über Deutschland hätte zu Hilfe kommen können.

Rheinland

Mit Inkrafttreten des Versailler Vertrages 1920 waren die linksrheinischen Gebiete Deutschlands und die rechtsrheinischen Brückenkopfstädte Köln, Koblenz und Mainz von französischen und britischen Truppen besetzt worden. Vorgesehen war eine 15-jährige Besatzungszeit, die von den Siegermächten beliebig verlängert, aber auch verkürzt werden konnte.

Fünf Jahre vor der vereinbarten Frist wurde das Rheinland freigegeben.

Zusammenfassung

ENDE DES ERSTEN WELTKRIEGS
Niederlage Deutschlands

SOWJETUNION
international isoliert

VERSAILLER VERTRAG
deutsche Alleinschuld

Deutschland
Veränderung des Status quo

- internationale Isolierung
- moralische Schuld
- Besatzung
- Reparationen
- Gebietsabtretungen

Alliierte
Beibehaltung des Status quo und der Solidarität der Sieger

Stresemanns Ziele:
- berechenbare deutsche Außenpolitik
- Erlangung außenpolitischen Spielraums für Deutschland
- Rückgewinnung der Großmachtstellung Deutschlands

Westpolitik	innenpolitische Konsequenzen	Revisions- und Reparationspolitik	Ostpolitik
Akzeptanz des französischen Sicherheitsbedürfnisses gegenüber deutscher Revanche Versöhnungspolitik	Widerstand und Agitation der nationalen Rechten: „Erfüllungspolitik“ „Verrat deutscher Interessen“	friedliche Revision des Versailler Vertrages Lösung des Reparationsproblems	Kooperation
			1922 Rapallo
1925 Räumung des Ruhrgebiets 1925 Locarno 1925 Räumung der Kölner Zone		1924 Dawes-Plan	
		1926 Deutschlands Aufnahme in den Völkerbund 1926 Friedensnobelpreis an Stresemann und Briand 1928 Beitritt Deutschlands zum Briand-Kellog-Pakt 1930 Young-Plan 1931 Hoover-Moratorium 1932 Konferenz von Lausanne	1926 Berliner Vertrag

9. Die Weltwirtschaftskrise

Als 1929 mit dem Ausbruch der Weltwirtschaftskrise in den USA die Amerikaner ihre Kredite aus Deutschland zurückforderten, wurde damit auch das Scheitern der ersten deutschen Republik eingeleitet. Der Dawes-Plan und die auf dessen Grundlage vergebenen Kredite hatten in Deutschland zu dem wirtschaftlichen Aufschwung der „Goldenen Zwanziger" geführt. Praktisch über Nacht standen viele kleine und mittlere Betriebe vor dem Ruin.

Der Zusammenbruch der New Yorker Börse am sogenannten **„Schwarzen Freitag"** hatte kurzfristig einen hohen Geldbedarf der amerikanischen Banken zur Folge. Man versuchte ihn durch die Einforderung von Krediten zu decken, wovon Deutschland besonders hart betroffen war. Das führte in Deutschland wiederum zum Zusammenbruch selbst von Großbanken. Infolge der starken wirtschaftlichen Verflechtung waren weite Bereiche der Wirtschaft in diesen Sog geraten. Die sinkende Industrieproduktion und Ausfuhr führte zur Massenarbeitslosigkeit.

Die Regierung **Brüning** versuchte mit einer harten Sparpolitik (Deflationspolitik) die Krise in den Griff zu bekommen: Löhne und Preise wurden gesenkt, der Geldumlauf reduziert und die Exportpreise niedrig gehalten.

Ganz anders in den Vereinigten Staaten, wo **Roosevelt** versuchte, mithilfe der neuen Erkenntnisse des britischen Volkswirtschaftlers Keynes die Politik des **New Deal** zu verwirklichen. Keynes zufolge sollte der Staat durch Eingriffe (öffentliche Aufträge) in den Wirtschaftsablauf die Krise eindämmen und einen Aufschwung anschieben. Für die USA bedeutete dies eine Abkehr von der Auffassung eines sich selbst steuernden Marktes zugunsten staatlicher Eingriffe (Interventionsstaat).

Die Regierung Brüning konnte die Wirkung ihrer Politik auf die ohnehin langsam abklingende Wirtschaftskrise nicht mehr erleben. Auf Veranlassung Hindenburgs musste sie „100 Meter vor dem Ziel" zurücktreten. Parallel zum wirtschaftlichen vollzog sich auch der politische Niedergang der Republik.

1930 ereilte die letzte über demokratische Mehrheiten ins Amt gebrachte Regierung ihr Schicksal. Die Große Koalition unter Hermann Müller (SPD) platzte wegen der Erhöhung der Arbeitslosenversicherung um ein halbes Prozent, für die sich keine Einigung unter den Koalitionspartnern erzielen ließ.

In der Folge wurde die Republik von **Präsidialkabinetten** regiert. Sie waren abhängig vom Wohlwollen des Reichspräsidenten Hindenburg. Die Nationalsozialisten profitierten von der Krise der Wirtschaft, der Parteien und der Politik am stärksten. Rechtskonservative Kräfte schoben sich immer stärker in politische Schlüsselpositionen (z. B. Hugenberg) und bereitete die Machtergreifung Hitlers vor.

T 1 / Arbeitslosigkeit in den USA und im Deutschen Reich

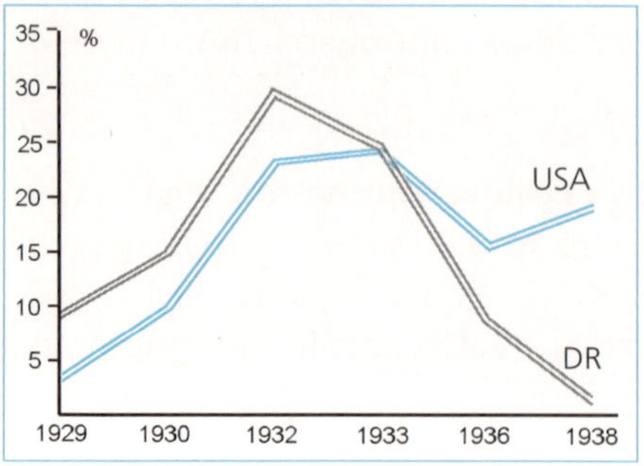

T 2 / Präsident Roosevelt, 1932

[...] Die Regierung sollte die Funktion wirtschaftlichen Regulierens nur übernehmen als ein äußerstes Mittel, das erst dann ausprobiert werden soll, wenn die Privatinitiative, angeregt durch hohe Verantwortlichkeit, mit aller Unterstützung und allem Ausgleich, die die Regierung zu geben vermag, am Ende doch versagt.

(Erich Angermann: Die Vereinigten Staaten von Amerika seit 1917, Stuttgart [3]1974, S. 24 f)

T 3 / Brüning 1931: Wirtschaftlicher Sparkurs und Außenpolitik

Ich werde mich bis zum letzten dagegen wehren, irgendeine inflatorische Maßnahme irgendeiner Art zu treffen, [...] weil ich der Ansicht bin, daß die ehrliche Bilanz in der deutschen Wirtschaft trotz aller Bitternisse wiederhergestellt werden muß. [...] Erfolge in der Außenpolitik sind um so eher zu erreichen, wenn wir die Bilanz der deutschen Finanzen und der deutschen Wirtschaft klar und ehrlich jedermann in der Welt zur Einsicht vorlegen. Das ist die stärkste und durchschlagendste Waffe, die die Reichsregierung haben konnte [...]. Das hat dazu geführt, daß die Frage der Reparationen durch die Öffentlichkeit in der ganzen Welt ohne Ausnahme völlig anders beurteilt wird als in früheren Jahren.

(Hillgruber, A.: Die Auflösung der Weimarer Republik. In: Walter Tormin: Die Weimarer Republik, Hannover 1970, S. 206 f)

Arbeitsaufträge

1. *Vergleichen Sie den Verlauf der Arbeitslosigkeit in den USA und im Deutschen Reich.*

2. *Machen Sie sich die beiden unterschiedlichen Ansätze, Wirtschaftspolitik zu betreiben, deutlich.*

3. *Welche Maßnahmen ergriffen Roosevelt und Brüning jeweils?*

4. *Setzen Sie sich mit den innenpolitischen Folgen Brüningscher Wirtschaftspolitik auseinander.*

CHRONOLOGIE

1923
Währungsreform: Einführung der Rentenmark

1924
Dawes-Plan: Reparationszahlungen werden kalkulierbar, amerikanische Kredite fließen nach Deutschland

} Beginn der wirtschaftlichen Konsolidierung der Republik

1924 – 1929

„Goldene Zwanziger"
Modernisierungsschub in Wirtschaft, Gesellschaft und Kultur

1923: Siegeszug des Radios beginnt

1925: Gründung des „Bauhauses" in Dessau (Zentrum der „Neuen Sachlichkeit")

1928: Bert Brechts „Dreigroschenoper"

1929: Alfred Döblins „Berlin Alexanderplatz" (moderner Stadtroman)
Literaturnobelpreis für Thomas Mann
(von 1924 – 1929 weitere 15 Nobelpreise für deutsche Naturwissenschaftler)

1925
Einführung der Rentenversicherung

1927
Einführung der Arbeitslosenversicherung

1928
Große Koalition aus SPD – Zentrum – DDP – DVP:
Kanzler Hermann Müller (SPD)

1929

25. Oktober: Börsenkrach in New York, Einleitung der Weltwirtschaftskrise

1930

27. März: Rücktritt der Regierung Müller, SPD, wegen Kontroverse um die Erhöhung der Arbeitslosenversicherung um 0,5%; Ende der Großen Koalition

29. März: Hindenburg ernennt Heinrich Brüning (Zentrum) zum Kanzler einer Minderheitsregierung. Damit beginnt die Ära der Präsidialkabinette. Brünings rigorose Sparpolitik **(Deflationspolitik)** kann nur mit Notverordnungen regieren.

14. September: „Erdrutschwahlen“: NSDAP erreicht bei den Reichstagswahlen eine Erhöhung ihrer Mandate von 12 auf 197.
SPD toleriert Brünings Notverordnungspraxis.
US-Geldgeber verlieren Vertrauen in die politische und wirtschaftliche Stabilität Deutschlands: Kapitalflucht

1931

Radikalisierung der innenpolitischen Auseinandersetzungen; Formierung der Harzburger Front (NSDAP, DNVP und Stahlhelm) als Aktionsgemeinschaft gegen die Weimarer Demokratie; Bankenkrise

1932

6,2 Millionen Arbeitslose

30. Mai: Entlassung Brünings durch Hindenburg

31. Juli: Reichstagswahlen: NSDAP stärkste Fraktion (37,3% der Stimmen)

SACHINFORMATIONEN

„Goldene Zwanziger“

Allgemein: eher nostalgischer Begriff für das Jahrfünft 1924–29 als einer Phase relativer Stabilisierung und eines bis heute legendären kulturellen Aufschwungs. Heute spricht man eher von einer alle Lebensbereiche umfassenden Modernisierungsphase.

Wirtschaftlich: Durch die Währungsreform (Einführung der Rentenmark) und den Dawes-Plan war in Deutschland ein wirtschaftlicher Aufschwung eingeleitet worden. Die elektrotechnische, optische und chemische Industrie wurde wieder führend auf dem Weltmarkt. Neue Fertigungsmethoden wie Fließbandarbeit und Rationalisierung senkten die Herstellungskosten.

Modernisierung

Die Weimarer Gesellschaft war im Umbruch. Einerseits blieben die alten Sozialbindungen prägend, andererseits wurden sie durch die aufkommende Massenkultur aufgebrochen. Insbesondere Kino und Rundfunk wurden zu Massenvergnügen. Das Neue gedieh vor allem in den Großstädten. Daneben gab es jedoch v.a. auf dem Lande weiterhin traditionelle Lebensbereiche. Hier stießen die raschen Veränderungen auf Widerstände und Ängste. Besonders im deutschen Mittelstand bewirkte die Modernisierung eine eher kulturpessimistische Grundhaltung. Dadurch verstärkte sich ein romantisch-nationalistisches Gefühl deutscher Besonderheit, das sich von westlicher Dekadenz bedroht fühlte. Die alten Gesangs- und Kriegervereine bestimmten weiterhin das Alltagsleben. Nationalismus, Antisemitismus, Antiamerikanismus als Abwehrhaltungen gegenüber der Moderne konnten sich entfalten.

Neue Rolle der Frauen

Während des Krieges hatten die Frauen die abwesenden Männer in nahezu allen Lebensbereichen ersetzt. Nach der Rückkehr der Soldaten waren die Frauen nicht mehr bereit, ihre neuen Rollen wieder preiszugeben. Gerade der Wandel innerhalb der Wirtschaft bot jungen Mädchen und Frauen neuartige Arbeitsplätze. Nebeneinander bestanden unterschiedliche Auffassungen vom Verständnis der Frau innerhalb der Gesellschaft: der Typus der „modernen“ Frau als konsumorientierte, unpolitische Angestellte mit Bubikopf und Zigarette; daneben der traditionelle Typus der „Mutter“ (Einführung des Muttertages); ferner das Bild der „rationalen Hausfrau“, das sich in der bürgerlichen und sozialistischen Frauenbewegung herausgebildet hatte, und letztlich die Arbeiterin mit ihrer Dreifachbelastung von Beruf, Haushalt und Kindererziehung.

Börsenkrach

Der sog. „Schwarze Freitag“ als Auslöser der weltweiten Wirtschaftskrise bezeichnet den Zusammenbruch der New Yorker Börse im Oktober 1929.
Dieser Börsenkrach hatte seine Gründe in einer gewaltigen Spekulation, die die Aktienkurse in unrealistische Höhen getrieben und von der Ertragslage der Unternehmen völlig abgekoppelt hatte. Da ein Großteil der Aktien mit umfangreichen Krediten im Vertrauen auf eine anhaltende Hausse (Kursanstieg) gekauft worden war, weitete sich die Börsenkrise rasch zu einer Banken- und Wirtschaftskrise aus. Firmenzusammenbrüche, Massenarbeitslosigkeit, Absinken der Kaufkraft und Einschränkungen in der Produktion waren die Folgen.

Ausweitung zur Weltwirtschaftskrise

Die USA hatten im internationalen Finanzkreislauf die zentrale Stelle als Gläubiger und als Geldgeber.

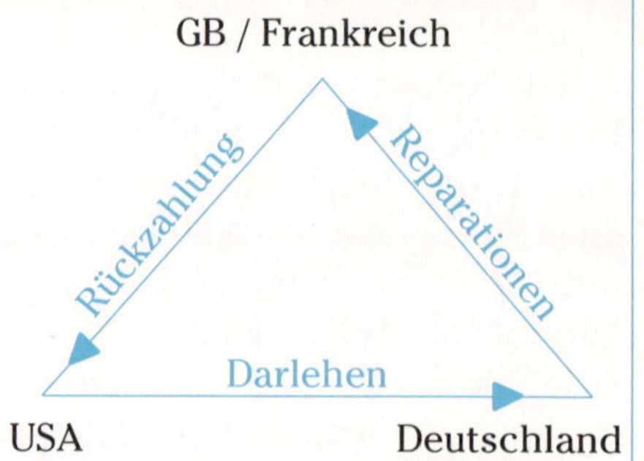

Internationale Geldströme 1919 – 1931

Somit wurde auch Europa mit in die Krise hineingezogen, als die amerikanischen Investoren und Kapitalgeber ihre Gelder zurückforderten.

Die Krise in Deutschland

Die deutschen Geschäftsbanken konnten aufgrund der Folgen der Inflation von 1923 (Vernichtung privaten Geldvermögens, enttäuschter Sparwille in der Bevölkerung) ihren Geldbedarf nur mit ausländischen Krediten decken, was zu einer hohen Auslandsverschuldung v. a. in den USA führte. 1930 erschütterte der hohe Wahlsieg der NSDAP das amerikanische Vertrauen in die wirtschaftliche Entwicklung des Deutschen Reiches und eine massive Kapitalflucht setzte ein. Die deutschen Banken mussten ihre den illiquiden deutschen Unternehmen gewährten langfristigen Kredite zurückrufen. Firmen- und in der Folge davon Bankenzusammenbrüche waren das Ergebnis. Die Zahl der Arbeitslosen stieg auf 6,2 Millionen im Jahre 1932 an.

New Deal

Im Verlauf der Krise wurde der republikanische Präsident *Hoover* 1933 von dem Demokraten *Franklin D. Roosevelt* im Präsidentenamt abgelöst. Roosevelts Politik des *New Deal* leitete einen Systemwandel ein, der den klassischen liberalen Selbstheilungskräften des Marktes staatliche Wirtschaftseingriffe entgegensetzte. Diese Politik lehnte sich an die nachfrageorientierte Theorie des Engländers *Keynes* an, die zur Ankurbelung der Konjunktur eine staatliche Nachfrage als notwendig ansah.

Ursprünglich bedeutete der Begriff *New Deal* „Neuverteilung der Spielkarten". Er wurde später zur Bezeichnung der neuen Wirtschaftspolitik Roosevelts, die u. a. vorsah:

- Förderung von Landwirtschaft und Industrie durch Subventionen
- Prämien für Farmer zur Reduzierung der Anbauflächen
- Festsetzung von Mindestlöhnen
- Arbeitslosen-, Renten- und Unfallversicherung
- Tennessee-Valley-Projekt als öffentliches Bauvorhaben

Deflationspolitik

Brünings kurzfristiges Ziel war es, Deutschland endgültig von der Last der Reparationszahlungen zu befreien. Er meinte deshalb, die Wirtschaftskrise durch eine konsequente Politik der Deflation, d. h. der Stärkung der Kaufkraft der Mark, und nicht durch Neuverschuldung beheben zu können. Um international konkurrenzfähig zu werden und die notwendigen Devisen für die Reparationszahlungen zu erwirtschaften, ergriff Brüning u. a. folgende Maßnahmen:

- Lohnsenkungen, um als Ersatz für abgezogene Auslandskredite Kapital bilden zu können;
- Gehaltskürzungen, um Staatsausgaben zu senken und Geldmittel für die Arbeitslosenunterstützung zu beschaffen;
- Minderung der staatlichen Investitionen;
- Kürzung der Arbeitslosenunterstützung und Fürsorgesätze, um Staatsausgaben zu senken;
- Gewährung von Steuererleichterungen für Produktionsbetriebe, um Preissenkungen zu ermöglichen und Anreize für Investitionen zu geben; dadurch verstärkte Belastungen des Staatshaushaltes.

Aus Angst vor inflationären Tendenzen unterließ Brüning Arbeitsbeschaffungsmaßnahmen im Rahmen staatlicher Investitionsprogramme.

Die Deckungslücke im Haushalt konnte zwar verringert werden, die Senkung der Arbeitslosenunterstützung und der Löhne und Gehälter bei gleichzeitiger Steuererhöhung verstärkte jedoch den Unmut in der Bevölkerung. Gleichzeitig stiegen die Arbeitslosenzahlen bis zu 30,8% aller Erwerbstätigen.

Nicht zuletzt diese Entwicklung trieb, was die Wahlergebnisse ausweisen, viele Menschen in die Arme der extremen Parteien.

Zusammenfassung

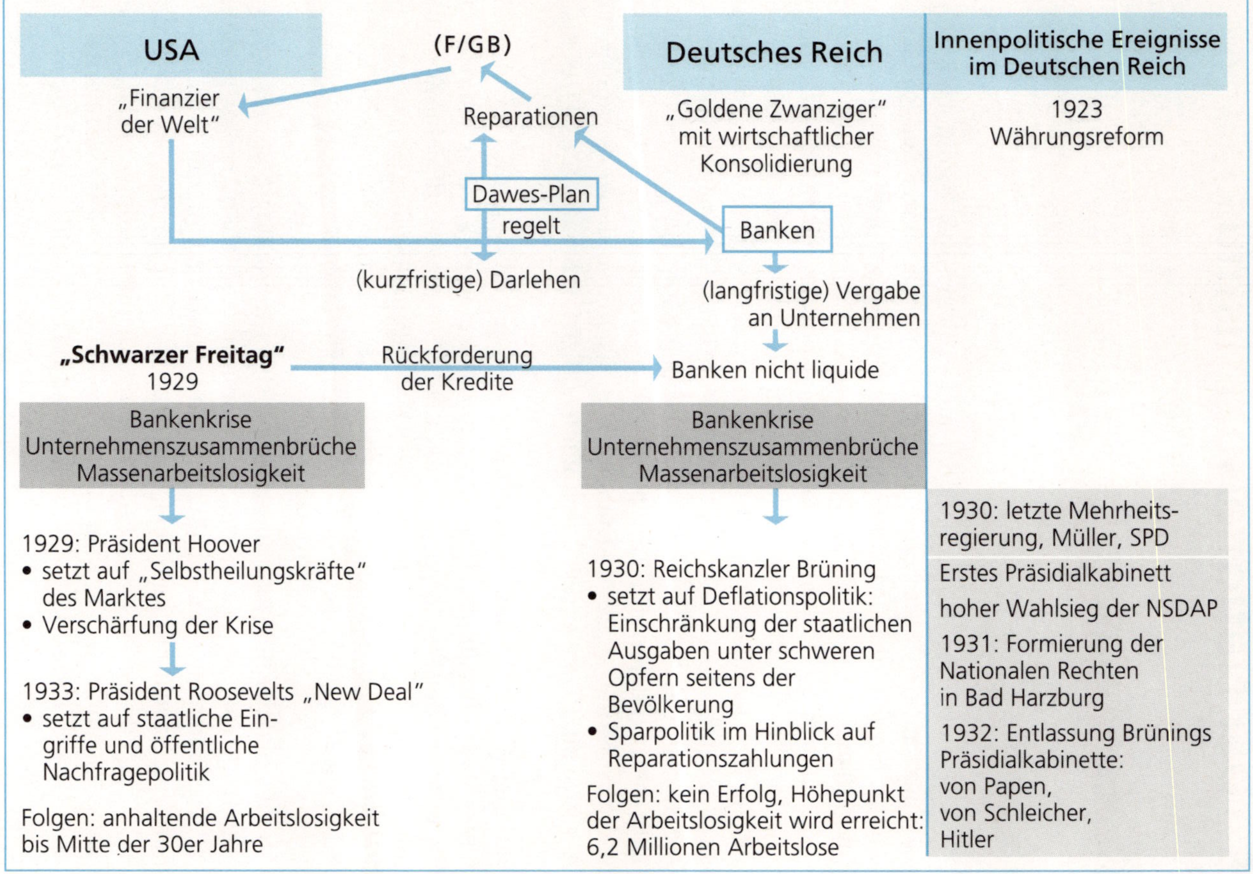

B Der Nationalsozialismus

1. Faschistische Bewegungen in Europa

Faschismus

Der Ausdruck „Faschismus" ist vom lateinischen *fascis* – Bündel abgeleitet und führt auf die Amtsdiener *(lictores)* höherer Beamter des Römischen Reiches zurück, die diesen bei der Ausführung von Amtshandlungen ein Rutenbündel mit Beil als Insigne der Macht voraustragen mussten. Im übertragenen Sinn bedeutet *fascis* einen politischen Bund. Der italienische Faschistenführer Benito Mussolini übernahm diesen römischen Begriff zur Bezeichnung seiner Kampfbünde *(fasci di combattimento)* und seiner Bewegung, dem *Fascismo*. Nach 1919 begann Mussolini seine national- und sozialrevolutionäre politische Bewegung, die sich vor allem aus arbeitslosen Soldaten des Ersten Weltkrieges zusammensetzte, zur Staatsmacht zu führen. 1922 übernahmen die Faschisten die Regierungsmacht. Von 1926 bis 1943 war das Rutenbündel offizielles Staatssymbol Italiens.

Der Begriff Faschismus bezeichnet so im engeren Sinne den faschistischen Staat Mussolinis, im weiter gefassten Sinne alle zwischen dem Ersten und Zweiten Weltkrieg gegründeten Bewegungen, die eine totalitäre Staatsform anstrebten oder durchsetzten. Als neofaschistisch werden politische Bewegungen und Parteien bezeichnet, die nach dem Zweiten Weltkrieg an faschistische Bewegungen anknüpften.

Der Faschismus hat zwar nie eine konsistente Ideologie herausgebildet, doch tragen alle Spielarten des Faschismus die gleichen Merkmale: Demokratiefeindlichkeit, einen militanten Antikommunismus und Antiliberalismus, extremen Nationalismus, der den einzelnen Menschen der Nation und dem „Führer" des Staates bedingungslos unterordnet, und die Verfolgung von innen- wie außenpolitisch expansiven Zielen. So überfiel das faschistische Italien 1935 Abessinien und zwang es durch den Einsatz von Giftgas zur Kapitulation. Die Proteste des Völkerbundes konnten daran nichts ändern.

Faschismus in der Nachkriegszeit

Nach dem Ersten Weltkrieg entstanden in vielen Ländern Europas unterschiedlich ausgeprägte rechtsextremistische Gruppierungen, so in Italien, Deutschland, Österreich, Spanien, Portugal, Griechenland, Ungarn, Polen, Rumänien, Kroatien, der Slowakei und Belgien. Als Ursachen dieser Entwicklung lassen sich einmal die tiefen sozialen und politischen Veränderungen nach dem Krieg, die Angst vor dem Ausgreifen der Oktoberrevolution auf weitere Länder und zum anderen eine weithin vorherrschende Modernitäts- und Zivilisationskrise ausmachen. Neben allen Unterschiedlichkeiten wiesen diese Gruppierungen eine Reihe wesentlicher Übereinstimmungen auf, die es ermöglichen sich dem Begriff „Faschismus“ zumindest anzunähern.

Allen gemeinsam, wenn auch in differenzierter Ausprägung, war der Charakter einer nationalistischen Protest- und Kampfbewegung, die sich militant, antiliberal und antimarxistisch gab. Als Vorgehensweise fanden Propagierung von Kampf und Gehorsam, terroristische Einschüchterung und Gewalt Anwendung. Während diese Gruppierungen in den traditionellen westeuropäischen Verfassungsstaaten (England, Frankreich, Belgien) in der Minderheit blieben, konnten sie in weniger gefestigten Demokratien erheblichen Einfluss gewinnen. Autoritäre Herrschaftsformen entstanden beispielsweise in Ungarn, Jugoslawien, Rumänien, Portugal und Spanien.

Der italienische Faschismus als Vorbild

Die Ergebnisse der Pariser Friedensverträge waren für viele Italiener enttäuschend. Als Siegermacht hatte man größere Gebietsgewinne erwartet. Hinzu kam, dass im Land keine regierungsfähige Mehrheit zustande kam, Streiks in der Industrie und Konflikte zwischen Kleinbauern und Landarbeitern auf der einen Seite und den Großgrundbesitzern auf der anderen konnten von den staatlichen Stellen nicht gelöst werden. In dieser Lage fand die nationalistische und antiliberale Bewegung um Benito Mussolini regen Zulauf. Mit Gewalt und Terror zerschlug sie die sozialistischen Bewegungen. Dabei fand sie im Militär, der Polizei und der Justiz willige Helfer. 1922 übernahm Mussolini nach dem sogenannten „Marsch auf Rom“ die politische Macht in Italien.

Mussolinis Vorstellungen waren von einer Verbindung sozialer Reformideen mit einer Heroisierung der Tat und des Kampfes, des Rechts des Stärkeren und der Herrschaft der Elite geprägt. Die Herrschaftsordnung selbst beruhte

- auf dem Einparteiensystem und dem Führerprinzip,
- auf dem Gedanken des totalitären, alle politischen, sozialen und privaten Bereiche umfassenden Staates,
- auf dem umfangreichen Terror- und Propaganda-Apparat, der Geheimpolizei und Sondergerichten.

Während sich aber die totalitäre Macht in Italien wegen des Widerstands von Kirche, Monarchie und Teilen der Armeeführung nicht voll entfalten konnte und es beispielsweise niemals zu Judenverfolgungen kam, gelang es der nationalsozialistischen Diktatur in Deutschland die totalitäre Herrschaft in nur wenigen Jahren durchzusetzen.

Voraussetzungen für den Erfolg faschistischer Gruppierungen

Es ist umstritten, ob alle entsprechenden Bewegungen in den europäischen Ländern unter dem Begriff „Faschismus“ zusammengefasst werden können. Die verschiedenen Gruppierungen selbst legten großen Wert auf ihre nationalen Eigenständigkeiten. Es gab weder einen länderübergreifenden organisatorischen Zusammenschluss noch ein gemeinsames politisches Programm. Politisch wirksame Massenerfolge konnte der Faschismus demnach nur dort erzielen, wo, wie in Italien und Deutschland,

- das bürgerlich-liberale Parteiensystem keine stabilen Mehrheiten mehr bilden konnte und Unzufriedenheit mit dem Parlamentarismus herrschte,
- durch die Erbitterung über mangelnde Kriegserfolge und das wachsende Durchsetzungsvermögen der Arbeiterschaft das bürgerliche Lager verunsichert wurde
- und wo zur politisch-sozialen Krise die Belastung der nationalen Identität durch die Weltkriegsniederlage mit schmachvoll empfundener Friedensregelung hinzukamen.

Italien fühlte sich 1919 um den Sieg betrogen und war über die geringen territorialen Gewinne enttäuscht. In Deutschland sahen sich die Demokratie und ihre Vertreter massiven Verleumdungskampagnen („Novemberverbrecher, Erfüllungspolitiker, Schuld am Schmachfrieden, Dolchstoß“ und „Verrat nationaler Interessen“) ausgesetzt. Dazu kam, dass in beiden Ländern die nationalstaatliche Einigung nach erheblichen inneren sozialen Spannungen erst sehr spät errungen wurde. In beiden Staaten verbündete sich deshalb die faschistisch-nationalsozialistische Massenbewegung mit den konservativen Kräften und ebnete sich so den Weg zur Macht.

Längsschnitt: Antijudaismus, Antisemitismus

Was bedeutet Antisemitismus?

Antisemitismus ist die Bezeichnung für eine neue Art der Judenfeindschaft, wie sie im letzten Drittel des 19. Jahrhunderts in Deutschland aufgekommen war und sich dann auch in Österreich, Ungarn und Frankreich verbreitete. Nicht mehr religiöse Motive standen im Vordergrund, sondern politische und kulturelle. Die Feindschaft gegen die Juden, die besonders in monarchisch-konservativen Kreisen zahlreiche Anhänger fand, war auch gegen den liberalen Staat gerichtet und gegen die im Zuge des wirtschaftlichen Aufschwungs erfolgten Veränderungen in der Gesellschaft. Nach 1880 entstanden antisemitische Vereinigungen, deren Ziel es war, Juden, die durch Liberalisierung und wirtschaftlichen Aufschwung in eine gesellschaftliche Position aufgestiegen waren, wieder „in ihre Schranken zurückzuweisen".

Historischer Überblick

Antike

587 v. Chr.

Eroberung und Zerstörung Jerusalems, Beginn der Diaspora (Zerstreuung) der Juden.

In den folgenden Jahrhunderten siedelten Juden im gesamten östlichen Mittelmeerraum, vornehmlich in den griechisch-hellenistischen Poleis. Sie lebten in Synagogengemeinden. Jerusalem war die heilige Stadt mit dem einzigen Tempel des Judentums. Übersetzung des Alten Testaments ins Griechische (3. Jh. v. Chr.).

6 n. Chr.

Provinz Iudea unter unmittelbarer römischer Herrschaft. Juden behalten ihre religiösen Privilegien.

70 Zerstörung des Tempels in Jerusalem (Titusbogen), Einführung einer Judensteuer, religiöse Privilegien bleiben bestehen.

132 – 135 Jüdischer Aufstand unter Bar Kochba. Hadrian wollte den Tempel in Jerusalem wieder aufbauen und als Heiligtum des Iuppiter Optimus Maximus weihen, worauf es zum verzweifelten Aufstand der Juden kam. Nach der Niederschlagung des Aufstands wird den Juden das Betreten des Tempelberges verboten. Zahlreiche Juden werden versklavt und deportiert.

Juden lebten verstreut im gesamten östlichen Mittelmeerraum in Synagogengemeinden. Unter den römischen Kaisern wurde ihnen die freie Religionsausübung gestattet, auch das römische Bürgerrecht konnte ihnen verliehen werden. Die Synagogengemeinden waren mehr oder minder in die soziale Gemeinschaft ihrer Polis integriert, sodass es zu unterschiedlichen Spannungen mit der nichtjüdischen Bevölkerung kam. Nach dem Aufstand von 132 – 135 wurde der Übertritt zum jüdischen Glauben erschwert.

393 Der römische Kaiser Theodosius verbietet alle nichtchristlichen Religionen mit Ausnahme des Judentums. Gleichzeitig wird der Übertritt zum Judentum weiter erschwert, auch Mischehen zwischen Juden und Christen werden verboten.

4. / 5. Jh. Zunehmende Isolierung (auch Selbstisolierung) der Juden. Lokale Ausschreitungen von Christen gegen die jüdische Bevölkerung, Plünderungen und Zerstörung von Synagogen.

seit 415 Juden durften keine neuen Synagogen mehr bauen.

Mit dem Aufkommen der christlichen Religion verschlechterte sich auch die Stellung der Juden im Römischen Reich. Zwar wurde ihnen von kaiserlicher Seite die freie Religionsausübung als einziger nichtchristlicher Religion weiterhin gestattet, doch gerieten sie in eine zunehmende gesellschaftliche Isolation und wurden immer wieder von fanatisierten Christen als „Gottesmörder“ verfolgt.

Mittelalter

seit dem 10. Jh.	Jüdische Niederlassungen in Köln, Mainz, Augsburg, Worms, Regensburg und Prag. 1012 Synagoge in Köln, 1034 Synagoge in Worms
1096	Erster Kreuzzug, schwere Judenverfolgung vor allem in Speyer, Mainz und Worms; Zwangstaufen
seit dem 11. Jh.	Entstehung von Judenvierteln. Juden mussten eine eigene Steuer entrichten und erhielten dafür den Schutz des Kaisers oder Landesherrn, an den dieses „Privileg“ verkauft werden konnte.
seit Mitte des 12. Jh.	Juden werden aus dem Grund- und Warenhandel verdrängt und zunehmend im Geldhandel tätig.

In fast allen Städten gab es jüdische Gemeinden. Sie lebten in eigenen Stadtvierteln (Gettos) und waren immer wieder Ausschreitungen ihrer christlichen Mitbewohner ausgesetzt. Da ihnen der Zugang zu den Zünften verwehrt blieb, wurden sie im Geldhandel tätig. Unter Vorwänden (Pest, Brunnenvergiftung etc.) kam es immer wieder zu Judenverfolgungen und Vertreibungen. Viele Juden wanderten in den Osten ab.

Frühe Neuzeit

15. / 16. Jh.	Juden werden aus vielen deutschen Städten ausgewiesen, besonders in den protestantischen Gebieten.
16. Jh.	Juden werden aus verschiedenen Städten Italiens vertrieben. Papst Pius V. verbannt die Juden aus dem Kirchenstaat.
Seit 1516	Juden werden auf der Insel Geto (Gheto) vor Venedig isoliert. Judenviertel bezeichnet man künftig als Getto (Ghetto).
1478	Beginn der Inquisition in Spanien. Auch konvertierte Juden kommen auf den Scheiterhaufen.
1492	Sämtliche Juden werden aus Spanien ausgewiesen.

Als Geldverleiher („Wucherer“) waren Juden seit dem Mittelalter eine ungeliebte Minderheit. Der Rückgang der Geldgeschäfte im 15. und 16. Jahrhundert führte zu ihrer massenweisen Vertreibung aus zahlreichen Städten Deutschlands und Europas. Sie siedelten vornehmlich in Böhmen, Mähren und Polen, später auch in Litauen und der Ukraine.

Neuzeit

1791	Nach langer Diskussion wird Juden im Laufe der Französischen Revolution die Möglichkeit des Aktivbürgertums eingeräumt. Die volle rechtliche Gleichstellung erfolgt erst unter Napoleon.
1812	Emanzipation der Juden in Preußen
19. Jh.	Gabineau begründet die „wissenschaftliche“ Lehre von der Ungleichheit der Rassen.

1873 Die Wirtschaftskrise (Gründerkrise) löst starke Hassgefühle gegen die Juden aus, die mit dem kapitalistischen System identifiziert werden.

1879/80 Antisemitismus wird als Begriff geprägt. Es bilden sich Vereine und Gruppen, die eine Beschränkung der Rechte von Juden fordern. Treitschke und Stoecker verfassen antisemitische Schriften.

Der im Deutschen Reich aufgekommene Antisemitismus richtete sich gegen die zu wirtschaftlicher Bedeutung gelangten Juden, aber auch gegen den Liberalismus und Kapitalismus. Mit dem Antisemitismus war ein sich verstärkender Nationalismus verbunden, der vorwiegend in konservativen und kleinbürgerlichen Kreisen Zuspruch fand. Die Zuwanderung osteuropäischer Juden stellte eine Konkurrenz für das deutsche Kleinbürgertum dar und verstärkte diese Entwicklung.

Nationalsozialismus

nach 1918 Radikal nationalistische Gruppen machen die Juden zum „Sündenbock" für die Niederlage im Ersten Weltkrieg.
Hitler griff die Rassentheorie auf und stellte den Antisemitismus in den Mittelpunkt seiner Weltanschauung. Die Juden und die sogenannte Judenfrage wurden zum wichtigsten Thema der nationalsozialistischen Propaganda.

1933 Boykott jüdischer Geschäfte, Ärzte und Rechtsanwälte

1935 Nürnberger Gesetze – Juden verlieren ihre Bürgerrechte, Ehen zwischen Juden und Deutschen werden verboten.

1938 Juden wird eine wirtschaftliche Betätigung weitgehend untersagt.
9./10. November: Pogrome gegen die jüdische Bevölkerung, von den Nationalsozialisten als „Reichskristallnacht" bezeichnet.
Weitere Beschränkungen folgen.

1939 Juden müssen den Judenstern tragen.
Im Verlauf des Zweiten Weltkrieges werden Juden europaweit in Gettos und Konzentrationslagern eingeschlossen.

1942 Auf der Wannseekonferenz wird die Massenvernichtung der Juden beschlossen. In Vernichtungslagern, vorwiegend in Polen, erfolgt die Vergasung von Millionen Menschen. Arbeitsfähige Juden mussten unter unmenschlichen Bedingungen in deutschen Industriebetrieben arbeiten.

Hitler griff die antisemitische Propaganda auf und systematisierte sie mithilfe der Rassentheorie. Die Bekämpfung der Juden sollte aber auch in die Praxis umgesetzt werden und wurde zu einem einigenden „Antisymbol der nationalsozialistischen Propaganda" (Nipperdey/Rürup). Im Verlauf des Zweiten Weltkriegs wurden diese Überlegungen auf grausame Art realisiert. Millionen von Juden fanden durch Hunger, Krankheiten und Ermordung den Tod.
Neben den Juden erlitten auch andere Minderheiten, wie die Sinti und Roma, Homosexuelle und konsequente Anhänger religiöser Weltanschauungen, ein ähnliches Schicksal.

2. Aufstieg und Weltanschauung der NSDAP

1919 trat Hitler in die unbedeutende DAP (Deutsche Arbeiterpartei) ein, die bereits im folgenden Jahr in NSDAP umbenannt wurde und deren Vorsitzender er 1921 wurde. Die Partei wurde nach dem Hitlerputsch 1923 verboten und Hitler zur Festungshaft verurteilt, wo er 1924 „Mein Kampf" schrieb. Schon nach einem halben Jahr war Hitler wieder auf freiem Fuß und die NSDAP wurde auf Reichsebene neu gegründet.

Die vom Stimmenanteil her noch unbedeutende Partei gewann durch die Kampagne gegen den Young-Plan zusammen mit der DNVP und die Zusammenarbeit mit dem Medientycoon Hugenberg in den Wahlen von 1930 einen Stimmenanteil von 18,2% und damit 107 der 577 Reichstagsmandate. 1932 wurde die NSDAP mit 37,3% der Stimmen sogar stärkste Fraktion. Hitler unterlag zwar Hindenburg bei der Wahl zum Reichspräsidenten, wurde aber auf Drängen einflussreicher Kreise aus der Wirtschaft zum Reichskanzler ernannt.

Die Weltanschauung Hitlers, wie sie in „Mein Kampf" dargelegt wurde, enthält nichts Originäres, sondern besteht aus Versatzstücken verschiedener Theorien, die im 19. Jahrhundert aufgekommen sind. Die Versatzstücke setzte er rhetorisch geschickt auf die jeweiligen Adressaten bezogen ein und fand Zuspruch mit scheinbar einfachen Antworten auf komplexe Fragen.

- Sein Antiparlamentarismus griff die Unzufriedenheit vieler Menschen mit dem Weimarer System auf.
- Der Antisemitismus bestand seit dem 19. Jahrhundert (→ Längsschnitt) und bot ihm das Feindbild, an dem er
- die Rassentheorie des Franzosen de Gobineau festmachen konnte, verbunden mit dem
- Sozialdarwinismus, der, ausgehend von Darwins Theorie der Entwicklung der Arten, einen Kampf der Rassen annahm, wodurch er die
- Anwendung von Gewalt im politischen Kampf legitimieren konnte, aber auch die

- Unterordnung der Massen unter eine Führerpersönlichkeit, als die er sich ansah.

Seine biologisch-rassische Theorie fand in den mittleren Schichten, aber auch in der Arbeiterschaft und unter Akademikern Anklang. Anders als die Kommunisten strebten die Nationalsozialisten keine klar umrissene neue gesellschaftliche Ordnung an, sodass sie in allen Schichten Stimmen gewinnen konnten. Die Beschreibung der politischen Ziele über Feindbilder entsprach der Unzufriedenheit breiter Bevölkerungsschichten, die Hitler propagandistisch höchst wirksam auszunutzen wusste.

T 1

a)

So ist der Jude heute der große Hetzer zur restlosen Zerstörung Deutschlands. Wo immer in der Welt wir Angriffe gegen Deutschland lesen, sind Juden ihre Fabrikanten. [...] Die Vernichtung Deutschlands war [...] in erster Linie jüdisches Interesse.

(Hitler, Adolf, Mein Kampf, München 1925, S. 272)

b)

Die Idee des Kampfes ist so alt wie das Leben selbst, denn das Leben wird nur dadurch erhalten, daß anderes Leben im Kampfe zugrunde geht. [...] Stets hat vor Gott und der Welt der Stärkere das Recht, seinen Willen durchzusetzen. [...]

(Hitler, Adolf, a.a.O., S. 272)

c)

Die Bewegung vertritt im Kleinsten wie im Größten den Grundsatz der unbedingten Führerautorität, gepaart mit höchster Verantwortung. [...] Es ist eine der obersten Aufgaben der Bewegung, dieses Prinzip zum bestimmenden nicht nur innerhalb der eigenen Reihen, sondern auch für den gesamten Staat zu machen.

(Hitler, Adolf, a.a.O., S. 378)

d)

Die Außenpolitik des völkischen Staates hat die Existenz der durch den Staat zusammengefügten Rasse auf diesem Planeten sicherzustellen. [...] Nur ein genügend großer Raum auf dieser Erde sichert einem Volke die Freiheit des Daseins. [...] Damit ziehen wir Nationalsozialisten bewußt einen Strich unter die außenpolitische Richtung unserer Vorkriegszeit. Wir setzen dort an, wo man vor sechs Jahrhunderten endete. Wir stoppen den ewigen Germanenzug nach dem Süden und Westen Europas und weisen den Blick nach dem Land im Osten.

(Hitler, Adolf, a.a.O., S. 728/742)

Schichtenzugehörigkeit der 121 000 NSDAP-Mitglieder vor den Septemberwahlen von 1930		
Berufsgruppe	in % der Parteimitglieder	in % der Gesamtbevölkerung
Arbeiter	28,1	45,1
Landwirte	14,1	6,7
Handwerker und Industrielle	9,1	5,5
Selbständige in Handel und Verkehr	8,2	3,7
Freie Berufe	3	1,5
Lehrer	1,7	1
Sonstige Beamte	6,6	3,3
Angestellte	25,6	15,9
Mithelfende Familienangehörige (meist weiblich)	3,6	17,3

(M. Broszat, Der Staat Hitlers, Grundlegung und Entwicklung seiner inneren Verfassung, München 1969, S. 51)

Arbeitsaufträge

1. *Versuchen Sie, die einzelnen Textauszüge mit einem Überbegriff zu versehen.*

2. *Wie werden die Aussagen jeweils „begründet"?*

3. *Wie sollte die Gesellschaft der Weimarer Republik durch diese Inhalte angesprochen werden? Welche Funktion hatte wohl diese Ideologie?*

4. *Untersuchen Sie die soziale Herkunft der Mitglieder der NSDAP. Welche Schichten bzw. Berufsgruppen sind hinsichtlich der Gesamtbevölkerung über- bzw. unterrepräsentiert?*

CHRONOLOGIE

1919
Hitler tritt der D(eutschen) A(rbeiter)P(artei) bei und wird deren Werbeobmann.

1920
Die DAP wird in NSDAP umbenannt.

24. Februar: 25-Punkte-Programm der NSDAP

1921
Hitler wird Vorsitzender der NSDAP und Führer mit unbeschränkten Vollmachten; Ausbau der NSDAP zur Massenorganisation mit Führerkult; Gründung der **SA** (Sturmabteilung) und **SS** (Schutzstaffel).

1922
Gründung des Jugendbundes der Partei, der 1926 in Hitlerjugend (HJ) umbenannt wurde.

1923
Anstieg der Mitgliedszahlen von 15 000 auf 55 000 im Laufe des Jahres.

28. Februar: 1. Parteitag der NSDAP in München

9. November: Hitlerputsch: Verhaftung Hitlers, Verbot der NSDAP

1924
Verurteilung Hitlers zu Festungshaft; Niederschrift des Buches „Mein Kampf"; Wiederzulassung der NSDAP in Bayern; NSDAP kandidiert als Völkische Liste für den Reichstag.

1925
„Mein Kampf" erscheint.

27. Februar: Neugründung der Partei auf Reichsebene

1926 – 31
Gründung von Sonderorganisationen und Berufsverbänden:

1926: Bund deutscher Arbeiterjugend, Nationalsozialistischer Deutscher Studentenbund

1928: Bund Nationalsozialistischer Juristen

1929: NS-Ärztebund, Kampfbund für deutsche Kultur; NS-Schülerbund

1930: NS-Betriebszellenorganisation (NSBO)

1931: NS-Frauenschaft

1929
Beginn der Zusammenarbeit NSDAP – DNVP

1930

14. September: Reichstagswahlen: Anstieg der Mandate von 12 auf 107

1932

31. Juli: bestes Wahlergebnis der NSDAP: mit 37,3% der Stimmen wird sie stärkste Reichstagsfraktion, Anstieg der Mandate auf 230

6. November: Reichstagswahlen, Rückgang der Mandate auf 196

1933

14. Juli: NSDAP einzige gesetzlich zugelassene Partei

SACHINFORMATIONEN

NS-Weltanschauung

In der NS-Ideologie finden sich Versatzstücke verschiedener Theorien: der Antisemitismus, der deutsche Herrschaftsanspruch, die Bereitschaft, sich von Autoritäten lenken zu lassen, die Ablehnung der Demokratie als undeutscher Staatsform, endlich der Gedanke der Volksgemeinschaft, der viele Frontsoldaten bewegte und unter dem man sich eine neue soziale Gerechtigkeit sowie die Überwindung der Klassengegensätze und des Kapitalismus vorstellte. Das 25-Punkte-Programm von 1920 enthielt schon alle Elemente dieser Weltanschauung, die keine in sich schlüssige Theorie war, wie die Idee der Volksgemeinschaft, der *Sozialdarwinismus,* der Rassismus, der Antiparlamentarismus und der Antimarxismus.

Rassentheorie

Hitler glaubte an die Überlegenheit der arischen Rasse, der unter den Völkern die Vorherrschaft zukäme. Nach Auffassung des Nationalsozialismus gibt es einen ewigen

Kampf zwischen höherwertigen und minderwertigen Rassen. In diesem „Kampf ums Dasein“ geht die minderwertige Rasse zwangsläufig unter. Zur minderwertigen Rasse wurden die Juden erklärt. Der „jüdischen Rasse“ schrieb Hitler alle Bosheit und zerstörerische Kraft in der Geschichte zu. Sowohl der Kapitalismus als auch der Kommunismus wurden als jüdische Erfindungen gebrandmarkt. Darüber hinaus wurde die Behauptung aufgestellt, eine jüdische Weltverschwörung bedrohe die Herrschaft des arischen Herrenvolkes.

Lebensraumtheorie

Die NSDAP war überzeugt, dass es der arischen Rasse an ausreichendem Lebensraum mangele. Das deutsche Volk müsse sich deshalb angesichts seiner Größe den notwendigen Lebensraum von den „minderwertigen“ slawischen Völkern v. a. im Osten durch Krieg erobern.

Sozialdarwinismus

Lebensraumtheorie und (Rassen-) Antisemitismus fügten Hitlers sozialdarwinistisches Geschichtsbild zusammen. Nach Darwin sind die auf der Erde lebenden Arten das Ergebnis eines Prozesses der natürlichen Auslese, der sich im Kampf um das Dasein manifestiere. Diese zunächst wertneutral formulierte These erhielt bei den so genannten Sozialdarwinisten eine politisch und sozial ausgrenzende Bedeutung.

Wählerschaft der NSDAP

Vor 1929 zeigte die Wählerschaft der NSDAP kein eindeutiges Profil, sondern war in ständigem Wandel begriffen. Nach Ausbruch der Weltwirtschaftskrise gelang es der Partei aber, v. a. den alten und den neuen Mittelstand anzusprechen, also Händler, Kaufleute, Handwerker und Angestellte. Daneben erreichte die Propaganda auch nichtorganisierte Arbeiter und Bauern. Gemeinsam war der Wählerschaft die Angst vor dem sozialen Abstieg in der Wirtschaftskrise. Die NSDAP erschien als rettende dritte Kraft zwischen Kapitalismus und Sozialismus. Ab 1930 machte der Antimarxismus die Partei auch für die obere Mittelschicht und den Adel interessant. Nach 1933 traten in der Wählerschaft viele Frauen hervor. Deutlich war der Unterschied zwischen NSDAP-Wählerschaft und NSDAP-Mitgliedschaft.

Mitglieder der NSDAP

Für das NSDAP-Mitglied waren die Erfahrung des Verlustes nationaler Größe, die Erfahrung der Niederlage und der Revolution v. a. in der

Generation der Kriegsteilnehmer häufig anzutreffen. Neben den „alten Kämpfern" der ersten Stunde, die sich aus der unteren Mittelschicht, den Handwerkern, kleinen Gewerbetreibenden und Angestellten rekrutierte, entwickelte sich die NSDAP neben der SPD und der KPD zur größten Partei für die Arbeiterschaft. Ab 1930, als sich im Gefolge der Wirtschaftskrise die großen Wahlerfolge der Partei abzeichneten, traten vermehrt Angehörige der oberen Mittelschicht in die Partei ein. Agrarkrise und Depression trieben aber auch selbstständige Bauern und kleine Geschäftsleute sowie die Beamten und Angestellten des „neuen Mittelstandes" in die Arme der NSDAP. Obwohl auch Angehörige der Aristokratie Parteimitglieder waren, blieben die alten Eliten und Kreise der Großindustrie reserviert.

Der Anteil der Frauen war relativ gering, die Partei entsprach eher einem Männerbund ehemaliger Weltkriegskämpfer. Auffallend war der hohe Anteil der Jugend.

Erst nach der Machtergreifung setzte der ganz große Ansturm auf die NSDAP ein, da sie angesehene bzw. gesicherte Positionen in Politik, Verwaltung und Gesellschaft versprach.

SA („Sturmabteilung")

Die SA war die politische Kampftruppe der NSDAP, die nach der Machtübernahme 1933 auch als Hilfspolizei gegen politische Gegner eingesetzt wurde.

SS („Schutzstaffel")

Die SS war zunächst eine politische Kampftruppe innerhalb der SA zum persönlichen Schutz Hitlers. Später verselbstständigte sich die Organisation gegenüber der SA unter Himmler. Schließlich übernahm sie sämtliche Sicherungsaufgaben und stellte eigene Truppenverbände wie Waffen- und Totenkopf-SS auf. Letztere stellten das Aufsichts- und Wachpersonal in den Konzentrations- und Vernichtungslagern.

Zusammenfassung

3. Machtergreifung und Gleichschaltung

Als am 30. März 1930 Reichspräsident Hindenburg Brüning zum Reichskanzler einer Minderheitsregierung ernannte, zeichnete sich der Niedergang des parlamentarischen Systems von Weimar ab. Regieren war nur noch mithilfe von Notverordnungen nach Artikel 48 möglich. Gleichzeitig erzielten die Gegner der Republik auf der rechten und linken Seite starke Stimmengewinne bei Reichstagswahlen. Hitler scheiterte zwar an Hindenburg bei seinem Versuch Reichspräsident zu werden, doch als Führer der stärksten Fraktion im Reichstag musste ihn der greise Präsident am 30. Januar 1933 zum Reichskanzler ernennen.

Auf vordergründig legalem Weg errichtete Hitler in nur eineinhalb Jahren eine totalitäre Diktatur in Deutschland. Dazu bediente er sich zunächst des **Artikels 48** der Weimarer Verfassung. Damit schränkte er bereits im Februar die Versammlungs- und Pressefreiheit ein, später auch weitere Grundrechte. In Deutschland herrschte der Ausnahmezustand zum „Schutz von Volk und Staat“.

Das sogenannte **„Ermächtigungsgesetz“,** das bereits im März 1933 verabschiedet wurde, hob die Gewaltenteilung auf und ermöglichte es der von den Nationalsozialisten kontrollierten Regierung Gesetze ohne Zustimmung des Parlaments zu erlassen. Auf dieser scheinbar legalen Grundlage wurden hunderte von Gesetzen erlassen, die nach und nach alle demokratischen Einrichtungen zerschlugen und durch von den Nationalsozialisten kontrollierte Organisationen ersetzten.

Die Gewerkschaften wurden aufgelöst und stattdessen die Deutsche Arbeiterfront (DAF) gegründet, der Arbeitnehmer und Arbeitgeber gleichermaßen angehörten. Gesetze zur Gleichschaltung der – teilweise noch oppositionellen – Länder beseitigten den Föderalismus und machten Deutschland zu einem zentralistisch regierten Land. Der **Gleichschaltung** als Mittel der Machtsicherung entgingen auch die Parteien nicht, sodass schon Ende 1933 die NSDAP die einzige Partei im Staate war. In ihren Unterorganisationen wurden Jugendliche (Hitlerjugend), Frauen (Bund Deutscher Mädel) sowie alle anderen gesellschaftlichen Gruppen erfasst. Kunst, Kultur und Bildung wurden von der Reichskulturkammer überwacht. Kein gesellschaftlicher Bereich entging der Kontrolle des NS-Staates.

Der Widerstand gegen diese Maßnahmen war gering. Hofften viele, dass dies nur ein vorübergehender Albtraum wäre, so sorgten der Terror und die lückenlose Überwachung von SS und Gestapo dafür, dass Oppositionelle schnell beseitigt werden konnten. Bereits im März 1933 wurde das erste Konzentrationslager in Dachau errichtet. Am 2. August 1934 vereinte Hitler nach dem Tod Hindenburgs das Amt des Reichspräsidenten, Oberbefehlshabers des Heeres und des Obersten Gerichtsherrn in seiner Person. Damit war die Diktatur endgültig etabliert.

T 1 / Aus einer Hitler-Rede von 1930

[…] Wenn wir heute unter unseren verschiedenen Waffen von der Waffe des Parlamentarismus Gebrauch machen, so heißt das nicht, daß parlamentarische Parteien nur für parlamentarische Zwecke da sind. Für uns ist ein Parlament nicht ein Selbstzweck, sondern ein Mittel zum Zweck. […] Im Prinzip sind wir keine parlamentarische Partei, denn damit stünden wir im Widerspruch zu unserer ganzen Auffassung; wir sind nur zwangsweise eine parlamentarische Partei, und was uns zwingt, ist die Verfassung. Die Verfassung zwingt uns, solche Mittel anzuwenden. […] Und so ist der Sieg, den wir gerade errungen haben, nichts anderes als der Gewinn einer neuen Waffe für unseren Kampf. Wir kämpfen nicht um Parlamentssitze der Parlamentssitze willen, sondern um eines Tages das deutsche Volk befreien zu können.

(Walther Hofer [Hrsg.], Der Nationalsozialismus. Dokumente 1933 – 1945, Fischer, Frankfurt a. M. 1979, S. 28)

Arbeitsaufträge

1. *Welches Demokratieverständnis lässt sich Hitlers Aussagen entnehmen?*
2. *War die Machtergreifung Hitlers legal? Erörtern Sie diese Frage anhand der Sachinformationen.*

T 2/Gesetz zur Behebung der Not von Volk und Staat [Ermächtigungsgesetz] vom 24. 3. 1933

… Artikel 1. Reichsgesetze können außer in dem in der Reichsverfassung vorgesehenen Verfahren auch durch die Reichsregierung beschlossen werden. […]

Artikel 2. Die von der Reichsregierung beschlossenen Reichsgesetze können von der Reichsverfassung abweichen, […]

Artikel 4. Verträge des Reichs mit fremden Staaten […] bedürfen nicht der Zustimmung der an der Gesetzgebung beteiligten Körperschaften. Die Reichsregierung erläßt die zur Durchführung dieser Verträge erforderlichen Vorschriften.

Arbeitsaufträge

1. Welche demokratischen Grundprinzipien werden durch das „Ermächtigungsgesetz" außer Kraft gesetzt?

2. Welche Konsequenzen hatte dieses Gesetz für die Gleichschaltungspraxis der Nationalsozialisten?

CHRONOLOGIE

Niedergang der Weimarer Demokratie

1929

Zusammenbruch der New Yorker Börse und Beginn der Weltwirtschaftskrise

1930

27. März: Scheitern der großen Koalition unter Hermann Müller, der letzten auf einer parlamentarischen Mehrheit beruhenden Regierung

30. März: Brüning wird von Hindenburg zum neuen Reichskanzler einer Minderheitsregierung ernannt und regiert mit Notverordnungen des Reichspräsidenten, ausgehend von Artikel 48.

14. September: Reichstagswahl: überragender Wahlsieg der NSDAP (Anstieg der Mandate von 12 auf 107, zweitstärkste Fraktion im Reichstag)

1931

Treffen der **Nationalen Front** in Bad Harzburg (NSDAP, DNVP, Vertreter des Reichslandbundes, der Industrie, der Reichswehr, SA)

1932

10. April: Wiederwahl Hindenburgs zum Reichspräsidenten

30. Mai: Sturz Brünings

Juni bis Dezember: Kabinett der nationalen Konzentration unter Reichskanzler von Papen, Übergang zur reinen **Präsidialregierung**

4. Juni: Auflösung des Reichstags

31. Juli: Neuwahlen: NSDAP stärkste Fraktion, Regierungsbildungen ohne die Stimmen der radikalen Parteien von nun an unmöglich

6. November: Neuwahlen, die **Obstruktionsmehrheit** der Radikalen bleibt erhalten; Ernennung von Schleichers zum Reichskanzler

Errichtung des Führerstaates

1933

30. Januar: Hindenburg ernennt Hitler zum Reichskanzler.

1. Februar: Reichstagsauflösung

4. Februar: Verordnung zum Schutze des deutschen Volkes (Einschränkung der Versammlungs- und Pressefreiheit)

27. Februar: **Reichstagsbrand:** Verordnung zum Schutz von Volk und Staat (Aufhebung wesentlicher Grundrechtsartikel)

5. März: Reichstagswahlen, Misserfolg der NSDAP (keine absolute Mehrheit); Einrichtung des ersten KZ in Dachau

24. März: Gesetz zur Behebung der Not von Volk und Staat **(Ermächtigungsgesetz)**

31. März / 7. April: Gesetze zur **Gleichschaltung** der Länder mit dem Reich (Beseitigung des Föderalismus und Einführung von Reichsstatthaltern)

7. April: Gesetz zur Wiederherstellung des Berufsbeamtentums (Ausschluss von „Nichtariern“ und Oppositionellen aus der Beamtenschaft)

2. Mai: Auflösung der Gewerkschaften

10. Mai: Gründung der Deutschen Arbeitsfront (DAF) als Zwangsorganisation aller Arbeitnehmer und Arbeitgeber

14. Juli: Gesetz gegen die Neubildung von Parteien (Herbeiführung des Einparteienstaates)

1. Dezember: Gesetz zur Sicherung der Einheit von Partei und Staat (NSDAP wird Trägerin des Staatsgedankens.)

1934

20. Januar: Gesetz zur Ordnung der nationalen Arbeit (Einführung des **Führerprinzips** in der Wirtschaft)

14. Februar: Aufhebung des Reichsrates

30. Juni: sog. **Röhmputsch** (Ausschaltung der SA unter Röhm)

30. Juli: nachträgliche Legalisierung der Morde anlässlich des Röhmputsches als Staatsnotwehr

2. August: Tod Hindenburgs; Hitler vereint die höchsten Staatsämter in seiner Hand: „Führer und Reichskanzler“, Reichspräsident, Oberbefehlshaber, oberster Gerichtsherr.

SACHINFORMATIONEN

Präsidialregierungen

Dem Aufstieg des Nationalsozialismus (NS) geht die Unfähigkeit der Konsensbildung der verfassungstreuen Parteien voraus, wie am Beispiel des Scheiterns der letzten parlamentarischen Mehrheitsregierung *Müller* abzulesen ist. Müller scheiterte, weil es nicht gelang, eine Mehrheit für die Erhöhung der Arbeitslosenversicherungsbeiträge zu erhalten.

Die Präsidialregierungen von 1930 bis 1933, aufgrund von Art. 48 ins Amt gesetzt, waren dennoch weiterhin auf die Duldung des Reichstages angewiesen, konnte doch der Reichstag nach wie vor Notverordnungen des Reichspräsidenten aufheben.

Umgekehrt war es jedoch dem Reichspräsidenten nach Art. 25 möglich, den Reichstag zu vertagen oder aufzulösen. D. h., ein „widerspenstiges" Parlament konnte auch ohne „Not" aufgelöst werden, mit der Maßgabe, die erforderlichen „Not"maßnahmen der Präsidialregierung durchzusetzen. Ausschlaggebend für den regierenden Kanzler war es, das persönliche Vertrauen des Staatsoberhauptes zu besitzen.

Harzburger (Nationale) Front

Nach ihrem aufsehenerregenden Wahlergebnis von 1930 war die NSDAP als innenpolitischer Faktor nicht mehr zu übersehen.

Am 11. Oktober 1931 schlossen sich die NSDAP, die DNVP, unter ihrem Vorsitzenden *Hugenberg* – Chef eines mächtigen Wirtschafts- und Medienimperiums – der Stahlhelm (Bund der Frontsoldaten) und weitere nationalistische Verbände zu einer Aktionsgemeinschaft für den Kampf gegen die Republik zusammen. Gewaltige Aufmärsche der jeweiligen paramilitärischen Kampfverbände sollten Kampfeswillen, Einheit und Stärke demonstrieren.

Machtergreifung / Gleichschaltung

Beide Begriffe bezeichnen in der technisierten Sprache der Nazis sich ergänzende bzw. bedingende Vorgänge. Die *Machtergreifung* zerstörte die Ordnung der Demokratie im Kern (z. B. durch das Ermächtigungsgesetz), mithilfe der Gleichschaltung wurde die Durchdringung des Staates und des gesellschaftlichen Lebens im Sinne der NS-Bewegung vollzogen. Gleichzeitig beinhaltete der Begriff *Gleichschaltung* die Auflösung bzw. gewaltsame Zerschlagung konkurrierender politischer Kräfte und Einrichtungen.

Die Machtergreifung wird nicht auf das Datum „30. 1. 1933“ reduziert, sondern umfasst die unmittelbare Vorgeschichte des 30. Januar und die erste Phase der Sicherung und des Ausbaus der nationalsozialistischen Diktatur, also etwa den Zeitraum zwischen 1932 und 1934. Ging es der NSDAP bis 1933 um Mitgliederzuwachs, Wahlsiege, Regierungsbeteiligung und schließlich Kanzlerschaft, so ist die Zeit danach durch die Ausschaltung aller Hindernisse und Gegner auf dem Wege zur Diktatur und die Durchsetzung der Alleinherrschaft Hitlers in Staat und Partei gekennzeichnet.

Als wichtigstes Instrument der nationalsozialistischen Machtergreifung erwies sich die Gleichschaltung in den Jahren 1933/34. Sie umfasste die Vereinheitlichung allen politischen, wirtschaftlichen, sozialen und kulturellen Lebens nach dem Willen der Nationalsozialisten durch Eingliederung in NS-Institutionen oder -Organisationen, scheinbar legitimiert durch entsprechende „Gesetze“.

„Kamarilla“

Die Präsidialregierungen waren allesamt vom Vertrauen des Reichspräsidenten, mehr jedoch von dem seiner Berater abhängig. Zu dieser „Kamarilla“ gehörten Militärs wie *Gröner* und *Schleicher,* sein Sohn *Oskar Hindenburg* und sein Staatssekretär *Meißner.*

Zur Zerstörung der Demokratie haben u. a. persönliche Fehlentscheidungen des greisen, beeinflussbaren Hindenburg und schuldhaftes Verhalten seiner Berater beigetragen.

„Zähmung“ Hitlers

Nach der Vorstellung von v. Papen sollte Hitler Reichskanzler in einem mehrheitlich von DNVP-Ministern gebildeten Kabinett werden. Man hoffte ihn auf diese Weise kontrollieren und für die eigenen Ziele benutzen zu können. Aufgrund dieses Plans war Hindenburg zu einer Ernennung Hitlers zum Kanzler zu bewegen.

negative Mehrheit / Obstruktionsmehrheit

Bei den Reichstagswahlen vom Juli 1932 stieg die NSDAP zur stärksten Fraktion im Reichstag auf. 319 von 608 Mandaten für die beiden radikalen Parteien KPD und NSDAP ergaben im Reichstag eine negative Mehrheit der republikfeindlichen Parteien.

Reichstagsbrand

Der Reichstagsbrand lieferte den Nationalsozialisten den Vorwand, *Kommunisten* und *Sozialdemokraten* systematisch zu verfolgen. Bis heute ist nicht geklärt, wer den Brand gelegt hatte: ein Einzeltäter oder gar die Nationalsozialisten selbst? Wichtig für die Durchsetzung der Diktatur war der politische Nutzen, den Hitler aus der Affäre zog. Hindenburg zerschlug mit einer Notverordnung den Rechtsstaat in Deutschland, indem er wesentliche Grundrechtsartikel außer Kraft setzte (persönliche Freiheit, Meinungs- und Pressefreiheit, Wohnungs- und Eigentumsunverletzlichkeit). Es war nunmehr möglich, die politischen Gegner massenweise in „Schutzhaft" zu nehmen. Die Regierung Hitler verbot darüber hinaus die KPD und die Publikationsorgane der SPD. In diese Zeit fällt die Einrichtung des ersten Konzentrationslagers für Oppositionelle in Dachau.

Ermächtigungsgesetz

Mit diesem Gesetz sollte die Ausschaltung des Parlaments einen legalen Anstrich bekommen. Das Ermächtigungsgesetz schuf die Grundlage für die Errichtung der Diktatur in Deutschland. Um eine verfassungsändernde Zweidrittelmehrheit für die Verabschiedung des Ermächtigungsgesetzes zu erhalten, kam Hitler die Tatsache entgegen, dass nur $^2/_3$ der *anwesenden* Reichstagsabgeordneten dieser Änderung zustimmen mussten. Von insgesamt 647 Abgeordneten waren nur 538 anwesend. Den 81 KPD-Abgeordneten war (im Zuge der Reichstagsbrandnotverordnung) das Mandat entzogen worden. Von den 120 SPD-Abgeordneten fehlten 26. Das Abstimmungsergebnis lautete: 444 Ja-Stimmen, 94 Nein-Stimmen (es waren die Stimmen der SPD-Fraktion). Bei der Abstimmung saßen SA-Leute auf den Tribünen.

Röhmputsch

Ernst Röhm war Stabschef der SA und mit Hitler seit 1919 befreundet. Mit 300 000 Mitgliedern im Jahre 1933 leistete die SA einen erheblichen Beitrag zur Machtergreifung. *Röhms* Vorstellung war es, SA und Reichswehr miteinander zu verschmelzen und als Minister einem Volksheere vorzustehen, dessen Kern nicht die Reichswehr, sondern seine eigene Organisation bilden sollte. Hitler jedoch suchte das Bündnis mit den konservativen Eliten aus Wirtschaft und Reichswehr. Eine für den 30. Juni 1934 angesetzte Tagung in Bad Wiessee diente als Vorwand für die Verhaftung und Erschießung Röhms und anderer SA-Führer.

Die Reichsregierung legalisierte diesen von Hitler veranlassten und ohne gerichtliches Verfahren vollzogenen Massenmord nachträglich als „Staatsnotstand". In der Öffentlichkeit wurde die Affäre als „Röhm-Putsch" dargestellt.

Führerprinzip

Hitlers Führerposition gründete sich einerseits auf seine tatsächliche Machtstellung in der Partei, andererseits aber auch auf seine außergewöhnliche charismatische Stellung, d. h. auf die Führererwartung und den Führerkult, der von der Propaganda verbreitet und durch wirkungsvolle Auftritte auf Gedenkfeiern und Aufmärschen verstärkt wurde.

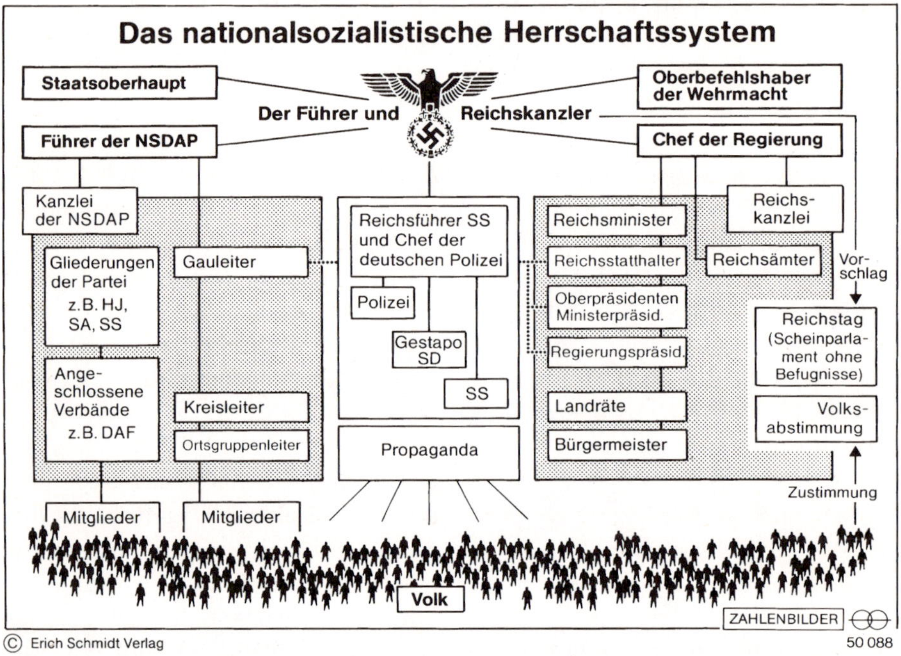

© Erich Schmidt Verlag

Zusammenfassung

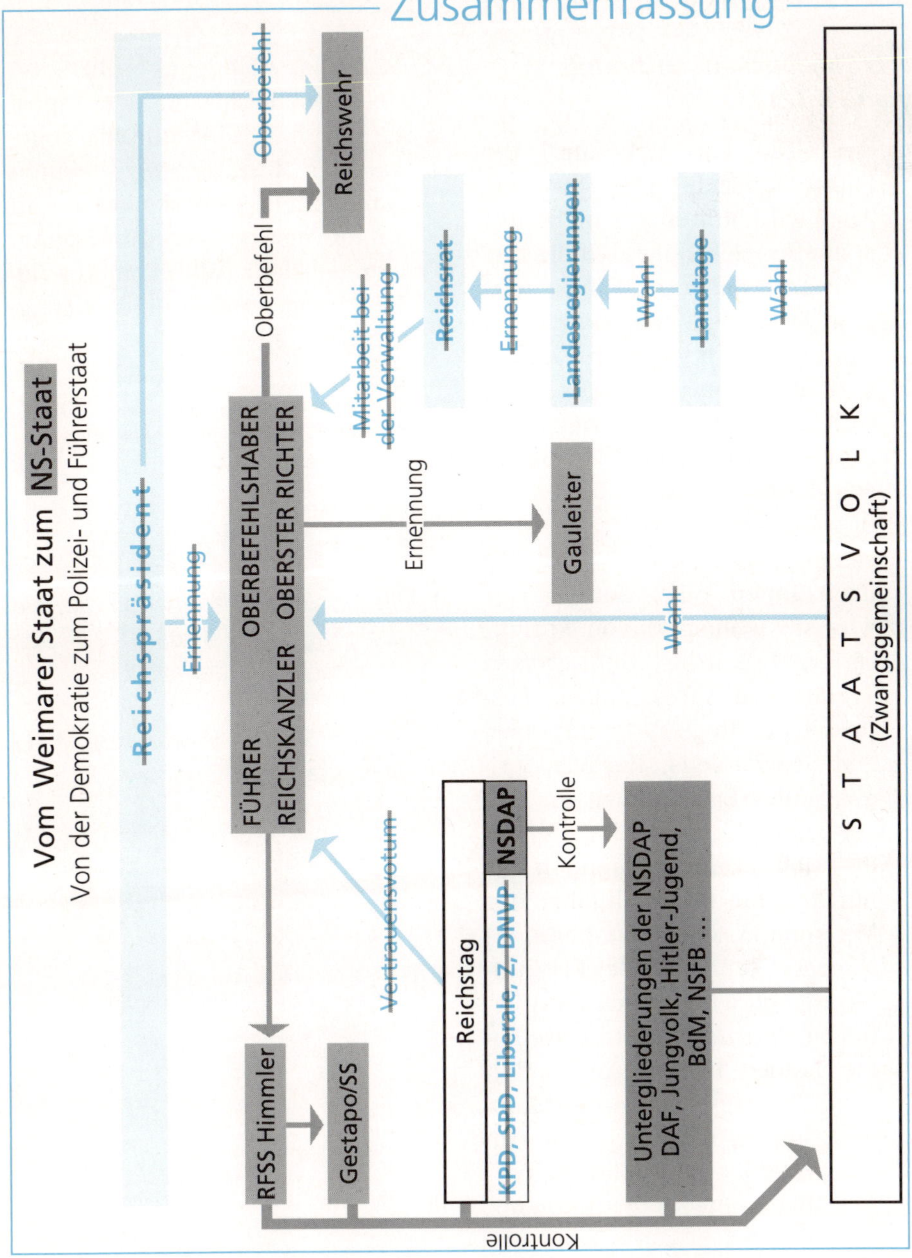

4. Mobilisierung der Gesellschaft

T 1 / Tagebuchaufzeichnung vom 21. 3. 1933

Der „Tag von Potsdam“! Ein Flaggenmeer in allen Straßen. Auch wir konnten uns nicht ausschließen. Ich hole also die alte schwarz-weiß-rote Fahne aus dem Weltkrieg vom Boden herunter und hisse sie. [...] Dann spricht Hitler. [...] Die Regierungserklärung zeichnet sich durch auffallende Mäßigkeit aus. Kein Wort des Hasses auf die Gegner, kein Wort von Rassenideologie, keine Drohung nach innen oder außen. Nur was sie wollen, davon spricht Hitler. Erhaltung der großen Tradition unseres Volkes, Festigkeit der Regierung statt ewigen Schwankens, Berücksichtigung aller Erfahrungen im Einzel- und Gemeinschaftsleben, die sich in Jahrtausenden als nützlich für die Wohlfahrt der Menschen erwiesen haben. [...] Niemand kann sich der Erschütterung entziehen. Auch Vater ist tief beeindruckt, Mutter stehen die Tränen in den Augen. Ich gehe schweigend aus dem Zimmer, aus dem Haus, hinaus in den Wald. Ich muß allein sein. Am Abend eine stille Stunde mit M. Er ist völlig unberührt von den Geschehnissen des Tages. [...] Er hält alles nur für abgekartetes Theater, wird keinen Augenblick schwankend in seiner instinktiven Abneigung. „Ihr werdet’s schon noch erleben!“ sagt der Einundzwanzigjährige (...)

(zit. nach Günter Schönbrunn, Weltkriege und Revolutionen 1914 – 1945, Geschichte in Quellen, Bd. V, München 1961, S. 281 f)

Arbeitsaufträge

1. *Stellen Sie die Faszination dar, die der „Tag von Potsdam“ auf den Tagebuchschreiber ausübt.*

2. *Stellen Sie die Worte von M. in den Zusammenhang von T 2.*

_T 2/_
Gefangenenzugänge in Dachau

1933	4 821	**1940**	22 675
1934	1 990	**1941**	6 135
1935	2 111	**1942**	12 572
1936	2 323	**1943**	19 358
1937	2 021	**1944**	78 635
1938	18 681	**1945**	30 958
1939	3 932		
insgesamt 206 212			

(Neuhäusler, Johann: Wie war das im KZ Dachau? Dillingen/Donau, o. J., S. 22)

Arbeitsaufträge

1. *Erklären Sie die Entwicklung der Einlieferungszahlen in Dachau anhand der Chronologie.*

2. *Welche Maßnahmen ergriff Hitler, um die gesellschaftliche „Gleichschaltung" zu erreichen?*

CHRONOLOGIE

1933

13. März: Joseph Goebbels Reichsminister für Volksaufklärung und Propaganda

22. März: Einrichtung des ersten Konzentrationslagers in Dachau

23. März: Ermächtigungsgesetz als formale Grundlage der politischen Gleichschaltung verabschiedet

26. April: Die Geheime Staatspolizei (Gestapo) nimmt ihre Arbeit auf.

10. Mai: Zwangsgründung der Deutschen Arbeitsfront (DAF): *Verwirklichung der deutschen Volksgemeinschaft, Aufhebung der alten Klassengegensätze*

10. Mai: Verbrennung „entarteter" oder „undeutscher" Bücher; Emigration nahezu aller Schriftsteller von Rang

1. Juli: Einrichtung von **Jungvolk** (JV, 10–14 Jahre), **Hitlerjugend** (HJ, 14 bis 21 Jahre), **Jungmädel** (JM), des **Bundes Deutscher Mädel** (BDM);

ab 1936 zur Staatsjugend erklärt, war die Mitgliedschaft Pflicht

Mitglieder in der HJ	
Anfang 1933	110 000
Sommer 1933	3,5 Millionen
Ende 1938	8,7 Millionen

ab 1933: zinslose Eheschließungsdarlehen, ab 1935 steuerliche Entlastung kinderreicher Familien

September: Schaffung der Reichskulturkammer: Überwachungs- und Zensurorgan für Kunst und Kultur

1934

24. April: Einsetzung des Volksgerichtshofes

30. Juni: Beseitigung der SA durch die Ermordung Röhms und anderer führender Mitglieder

2. August: Hitler Oberbefehlshaber der **Reichswehr**
Wirtschaftsplanung: Hjalmar Schacht tastet das privatwirtschaftliche Prinzip nicht an.

1935

16. März: Allgemeine Wehrpflicht

26. Juni: Einführung der halbjährigen Arbeitsdienstpflicht für Männer und Frauen zwischen 18 und 25 Jahren: „Verstärkung des Bewusstseins der Volksgemeinschaft“

1936

Himmler Reichsführer SS

1938

Schaffung des Oberkommandos Wehrmacht (OKW), Übernahme der unmittelbaren Befehlsgewalt über die Reichswehr durch Hitler

1939

Gestapo und Kriminalpolizei werden zur Sicherheitspolizei (Sipo) und mit dem Sicherheitsdienst (SD) im Reichssicherheitshauptamt (RSHA) zusammengelegt.
Entstehung der großen Vernichtungslager in Polen

SACHINFORMATIONEN

Frauenpolitik

Eine wichtige Zielsetzung des NS-Staates war die Errichtung einer militarisierten Männergesellschaft. Der Frau fiel dabei die Rolle der Mutter und der „Dienerin des Mannes“ zu. Die Beschränkung der Frau auf *Mutterschaft* und *Kindererziehung* entsprach durchaus den romantischen Vorstellungen weiter Kreise der Bevölkerung.

Ziel der Mädchenerziehung war die zukünftige Mutter. Die Einrichtung des Muttertages und die Einführung der Auszeichnung des Mutterkreuzes dienten ausschließlich diesem Ziel. Darüber hinaus gelang es den Nationalsozialisten – zumindest kurzfristig – durch materielle Entlastung der Familien Eheschließungen und Geburten zu fördern.

Jugendpolitik

Im Bestreben das deutsche Volk im „nationalsozialistischen Geist“ zu erziehen setzte Hitler auf die Jugend und versuchte möglichst alle deutschen Mädchen und Jungen in BDM und HJ zu erfassen. Alle sonstigen Jugendgruppen und -verbände wurden aufgelöst.

Fahrten und Zeltlager, Geländespiele, Lagerfeuer und Heimatabende zogen viele Jugendliche in den Bann und vermochten sie in den ersten Jahren zu begeistern. Dies wurde dadurch verstärkt, dass der Grundsatz „Jugend muss durch Jugend geführt werden“ vielen Jugendlichen in ihrem Streben nach Selbstständigkeit und -verwirklichung entsprach.

Zunehmend gewannen Wehrertüchtigung und vormilitärische Ausbildung an Bedeutung. In den letzten Kriegsjahren wurde die HJ auch im Kriegsdienst eingesetzt.

Winterhilfswerk (WHW) / Volkswohlfahrt (NSV)

Jeder Deutsche sollte regelmäßig für das Winterhilfswerk (WHW) und die Nationalsozialistische Volkswohlfahrt (NSV) spenden. So hielt das WHW jedes Jahr Sammlungen, Opferwochen und mehrere „Eintopfsonntage“ ab, die hohe Beträge zur Unterstützung armer Volksgenossen erbrachten und somit die gesellschaftliche Solidarität fördern sollten.

Kraft durch Freude (KdF)

Um die Loyalität seiner Bürger langfristig zu sichern, versuchte die NSDAP mit einer raffinierten Überwachungs- und Wohlfahrtspolitik alle Deutschen für die Volksgemeinschaftsideologie zu gewinnen. Besonderes Augenmerk galt dabei der Integration der Arbeiterschaft in die „Deutsche Arbeitsfront“ (DAF) und die Organisation der Freizeit mit der nahezu alle Freizeitbereiche umfassenden Organisation „Kraft durch Freude“ (KdF). Zahlreiche Aktivitäten wie Wanderungen, Theaterbesuche, Konzertbesuche, Volkssportveranstaltungen waren attraktive Angebote. Vor allem die verbilligten Reiseangebote schienen verlockend. Tatsächlich kamen aber nur wenige in ihren Genuss.

Reichsparteitage

Jährlich fanden auf dem Reichsparteitagsgelände in Nürnberg die Reichsparteitage statt. Sie waren Höhepunkte nationalsozialistischer Propaganda. In überdimensionalen Großveranstaltungen der Partei und ihrer Unterorganisationen, umrahmt von Soldaten der Wehrmacht und Mitgliedern des Arbeitsdienstes, sollte die Übereinstimmung des deutschen Volkes mit der Partei und der Politik des Führers vor den Augen der Welt gezeigt werden. Die Teilnehmer, massenpsychologisch vorbereitet durch Fahnenaufmärsche und gottesdienstähnliche Kultfeiern, deren Höhepunkt jedesmal der Einzug des Führers war, sollten von dem nationalsozialistischen Weltbild durchdrungen werden.

Reichswehr

Die Reichswehr stimmte bereits am 3. 2. 1933 der Hitlerschen Programmatik („Ausrottung des Marxismus“, „Beseitigung des Krebsschadens Demokratie“, Aufrüstung, „Lebensraum im Osten“) uneingeschränkt zu. Das Verhältnis zu den Militärs wurde durch Hitlers Zusage verbessert, nur die Reichswehr sei der Waffenträger der Nation. Die Zerschlagung der SA („Röhmputsch“) war die Konsequenz dieser Strategie.

Mit der Einführung der allgemeinen Wehrpflicht (Verstoß gegen Versailles) begannen der zügige Ausbau und die Modernisierung der Wehrmacht in allen Waffengattungen.

Während des Spanischen Bürgerkriegs stellte das Reich deutsche Truppenkontingente zur Verfügung („Legion Condor“).

Jedoch nicht alle Generäle trugen Hitlers aggressive Kriegspolitik uneingeschränkt mit (→ siehe Kapitel B 8). Hitler selbst übernahm als Oberbefehlshaber das neu eingerichtete Oberkommando der Wehrmacht (OKW). Durch einen persönlichen Eid auf den Führer band sich die Reichswehr eng an die Person Hitlers.

Oppositionelle

Machtergreifung und Gleichschaltung waren stets begleitet von Gewaltanwendung gegenüber „Volksschädlingen“. Nach der „Heimtückeverordnung“ vom 21. März 1933 standen bereits auf mündliche Kritik schwerste Strafen, in Ausnahmefällen sogar der Tod.

Instrumente des Terrors waren bis 1933/34 die SA, der SD und die Gestapo. Die angewandten Mittel reichten von der Bespitzelung der Bevölkerung über Verhaftungen, Folterungen bis zur Einweisung in die Konzentrationslager.

Terrormaßnahmen wurden für die Bevölkerung unkalkulierbar. Die Justiz, ebenfalls gleichgeschaltet, bot keinen Schutz vor „Schutzhaftbefehlen“ und Quälereien in den Gestapo-Kellern.

SS-Staat

Die SS (Schutzstaffel) war zunächst eine Art Parteipolizei, die *Heinrich Himmler* befehligte. Im Januar 1933 bestand sie aus 56 000 Mann. Die SS konnte ihre Machtposition im NS-Herrschaftssystem in der Folgezeit erweitern. Ihr Prinzip war die Anordnung und Anwendung von Gewalt.

Eine Unterorganisation bildete der Sicherheitsdienst (SD) unter *Reinhard Heydrich*, der geheime Nachrichten über politische Gegner sammelte und oppositionelle Parteimitglieder überwachte.

Formell unterstand die SS der SA-Führung. Bis 1934 war die SA (Sturmabteilung) die eigentliche politische Kampf- und Schlägertruppe der Nazis, die 1932 etwa 200 000 Mann umfasste und als paramilitärische Organisation aufgebaut war. In Zusammenarbeit mit der Reichswehr entmachtete die SS unter Leitung Hitlers die SA (→ Röhmputsch).

Nach der Übernahme der Konzentrationslager von der SA konnte *Himmler* seine Macht weiter vergrößern, er wurde Reichsführer SS und Chef der deutschen Polizei. Diese Verschmelzung von Partei- und Staatsamt schuf die Möglichkeit, den Terror gegen die zu Gegnern erklärten Menschen bürokratisch zu organisieren und gleichzeitig völlig außerhalb der Legalität auszuüben. Die SS wurde zu einem unkontrollierbaren, elitären Männerorden.

Die SS stellte auch bewaffnete Verbände auf. Die *SS-Totenkopfverbände* übernahmen die Überwachung der KZ und der „Vernichtung durch Arbeit“. Im Krieg wurde die *Waffen-SS* ausgebaut.

Als „Reichskommissar für die Festigung des deutschen Volkstums“ führte *Himmler* in den besetzten Ostgebieten eine brutale „Germanisierungspolitik" durch. Durch die Verschränkung der verschiedenen Ämter von SS- und Polizeiapparat baute sich *Himmler* ein allgegenwärtiges und perfekt funktionierendes Machtinstrument auf, sodass man von einem *SS-Staat* sprechen konnte. Das Reichssicherheitshauptamt (RSHA) war die zentrale Kommandostelle.

Zusammenfassung

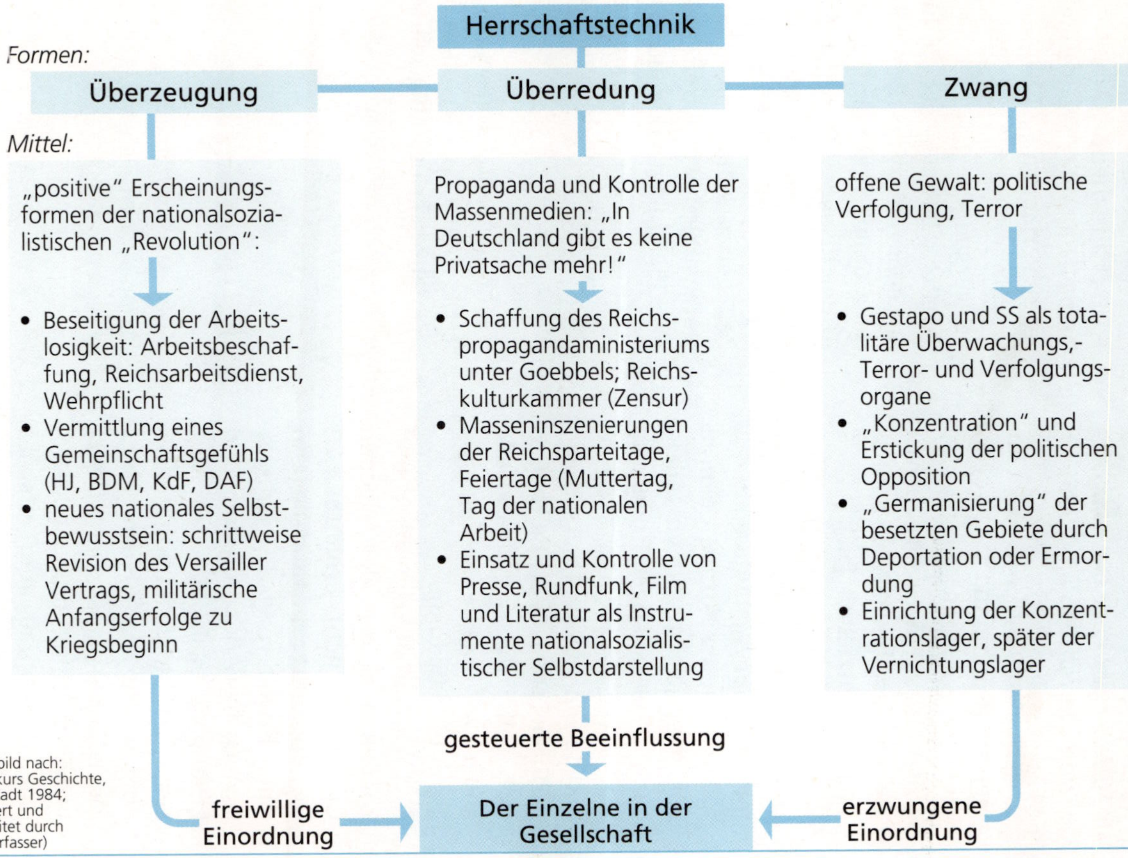

(Schaubild nach: Grundkurs Geschichte, Darmstadt 1984; erweitert und bearbeitet durch den Verfasser)

5. Wirtschaftspolitik

Aus Hitlers geheimer Denkschrift über den Vierjahresplan (1936)

[...] Deutschland wird wie immer als Brennpunkt [...] gegenüber den bolschewistischen Angriffen anzusehen sein [...] Wir können uns aber diesem Schicksal nicht entziehen. [...]

Wenn es nicht gelingt, in kürzester Frist die deutsche Wehrmacht in der Ausbildung, in der Aufstellung der Formationen, in der Ausrüstung und vor allem auch in der geistigen Erziehung zur ersten Armee der Welt zu entwickeln, wird Deutschland verloren sein! [...] Es haben sich daher dieser Aufgabe alle anderen Wünsche bedingungslos unterzuordnen.

[...] Wir sind überbevölkert und können uns auf der eigenen Grundlage nicht ernähren.[...] Die endgültige Lösung liegt in einer Erweiterung des Lebensraumes bzw. der Rohstoff- und Ernährungsbasis unseres Volkes. [...] Die Erfüllung dieser Aufgabe in der Form eines Mehr-Jahres-Plans der Unabhängigmachung unserer nationalen Wirtschaft vom Ausland wird es aber auch erst ermöglichen, vom deutschen Volk auf wirtschaftlichem Gebiet und dem Gebiete der Ernährung Opfer zu verlangen [...]

Es sind jetzt fast 4 kostbare Jahre vergangen. Es gibt keinen Zweifel, daß wir schon heute auf dem Gebiet der Brennstoff-, der Gummi- und zum Teil auch in der Eisenerzversorgung vom Ausland restlos unabhängig sein könnten. [...] Man hat nun Zeit genug gehabt, in 4 Jahren festzustellen, was wir nicht können. Es ist jetzt notwendig, auszuführen das, was wir können.

Ich stelle damit folgende Aufgabe:

I. Die deutsche Armee muß in 4 Jahren einsatzfähig sein.

II. Die deutsche Wirtschaft muß in 4 Jahren kriegsfähig sein.

(Hofer, Walther [Hrsg.], Der Nationalsozialismus. Dokumente 1933 – 1945, Fischer, Frankfurt a. M. 1957, S. 84 ff)

Arbeitsaufträge

1. *Welche wirtschaftlichen und außenpolitischen Ziele verfolgt Hitler in seiner Denkschrift?*
2. *Mit welcher Methode will Hitler seine Ziele erreichen? (→ Chronologie)*

CHRONOLOGIE

1920

25-Punkte-Programm der NSDAP

1933

8. Februar: Reichstagsrede Hitlers: Wehrhaftmachung Deutschlands als erstes Ziel genannt

1. Mai: Erklärung des 1. Mai zum „Tag der nationalen Arbeit"

2. Mai: Auflösung der Gewerkschaften

10. Mai: Gründung der Deutschen Arbeitsfront (DAF): Zwangsorganisation für Arbeiter, Angestellte und Unternehmer

19. Mai: Beseitigung der Tarifhoheit der Sozialpartner: **Treuhänder der Arbeit** werden eingesetzt, um Löhne und Arbeitsbedingungen festzulegen.

1. Juni: Erstes Gesetz zur Verminderung der Arbeitslosigkeit (sog. 1. Reinhardt-Programm): Bereitstellung von 1 Mrd. RM für öffentliche Ausgaben

27. Juni: Gesetz zum Bau der Reichsautobahnen

1. September: nahezu unverändertes 2. Reinhardt-Programm

1934

20. Januar: **Gesetz zur Ordnung der nationalen Arbeit**

15. Mai: Gesetz zur Regelung des Arbeitseinsatzes

11. September: Verkündung des „Neuen Plans" durch Reichswirtschaftsminister Hjalmar Schacht

1935

26. Februar: Einführung eines Arbeitsbuches

26. Juni: Arbeitsdienst wird zur allgemeinen Pflicht.

1936

Zweiter Vierjahresplan für die deutsche Wirtschaft **(Autarkie)**

Oktober: Staatlicher Lohn- und Preisstopp

1938

Einführung der Arbeitsverpflichtung

1939

Vollbeschäftigung in Deutschland

SACHINFORMATIONEN

Autarkie

Als Voraussetzung für einen geplanten Krieg forderte Hitler die Unabhängigkeit von Importen. Dies gelang annähernd auf dem Agrarsektor, nicht aber in der Industrie. Statt zur wirtschaftlichen Autarkie kam es zur Verarmung: denn die unproduktive Rüstungsindustrie garantierte zwar Vollbeschäftigung, zehrte aber auch am Wohlstand.

Deutsche Arbeitsfront (DAF)

Die nationalsozialistische Führung hatte die konfliktlose Volksgemeinschaft ohne Klassen propagiert (→ Kapitel B 2). Die Gewerkschaften wurden demnach durch die Deutsche Arbeitsfront (DAF) ersetzt, die in Form einer Zwangsmitgliedschaft die Mehrheit der Arbeitnehmer organisierte. Populärste Gliederung der DAF war die NS-Gemeinschaft *„Kraft durch Freude“ (KdF)* (→ Kapitel B 4).

Treuhänder der Arbeit

Nach der gewaltsamen Zerschlagung der Gewerkschaften bedeutete die Einsetzung der Treuhänder die Beseitigung der Tarifautonomie. Die Löhne und Gehälter wurden von staatlichen Organen, den Treuhändern, vorgeschrieben. Die DAF hatte keinen Einfluss darauf.

Arbeitsbeschaffungsmaßnahmen

Die hohe Arbeitslosigkeit wurde in Deutschland durch dirigistische Arbeitsbeschaffungsmaßnahmen vordergründig rasch abgebaut, z. B. durch:

- Investitionsprogramme im Bausektor
- Rüstungsprogramme
- Reichsautobahnbau
- Reichsarbeitsdienst und Wehrpflicht als flankierende Maßnahmen, die sich unverzüglich in der Arbeitslosenstatistik positiv niederschlugen.

Politisch unterstützt wurden diese Vorhaben durch:

- Ausschaltung der Gewerkschaften und Beseitigung der Tarifhoheit der Sozialpartner (s. o.)
- Primat der Rüstungsindustrie
- niedrige Entlohnung der Arbeitskräfte
- Vorrang der menschlichen Arbeitskraft vor der Maschine

Finanzierung

Seit 1935 übertrafen die Rüstungsausgaben erstmals die Staatsausgaben für öffentliche Investitionen. Die Staatsverschuldung stieg ins Gigantische. Finanziert wurden die Rüstungsausgaben durch den Zugriff auf Finanzwechsel einer

Scheinfirma (Mefo): Sie stellte der Wirtschaft über Kredite der Reichsbank genügend Geld zur Verfügung, ohne Gegenwerte für den Konsum zu schaffen, blähte also durch die Mefo-Wechsel den Geldumlauf inflationär auf.

Gesetz zur Ordnung der nationalen Arbeit

Alle Betriebe wurden nach dem Prinzip von Führung und Gefolgschaft organisiert. Das Gesetz beseitigte die Betriebsräte.

Großindustrie

Von einer Regierung Hitler erwartete die Großindustrie die Entmachtung der Arbeitnehmerorganisationen, die Wiederaufrüstung und damit Großaufträge und eine Politik der Rückgewinnung deutscher Weltgeltung.

Sozialpolitik

Sozialpolitische Maßnahmen beschränkten sich auf die Verbesserung der bereits bestehenden gesetzlichen Sozialversicherung. Propagandistisch bedeutender war die „Gesellschaftspolitik". So veranstalteten die Nationalsozialisten Sammlungen wie z. B. das „Winterhilfswerk", „Eintopftage", aber auch Urlaubsreisen für Werktätige. Mit diesen spektakulären Maßnahmen sollte der einzelne Deutsche in die herrschende Ideologie der „Volksgemeinschaft" eingebunden werden. Tatsächlich profitierten nur wenige von diesen propagandistisch ausgeschlachteten „Sozialleistungen".

Kriegswirtschaft

Ab 1939 griffen staatliche Stellen immer stärker in die Wirtschaft ein. So wurde nach dem Beginn des Krieges gegen Russland das „Amt für zentrale Planung" unter Speer eingerichtet. Von da an konnte die deutsche Wirtschaft nur noch als gelenkte Kriegswirtschaft bezeichnet werden.

Zusammenfassung

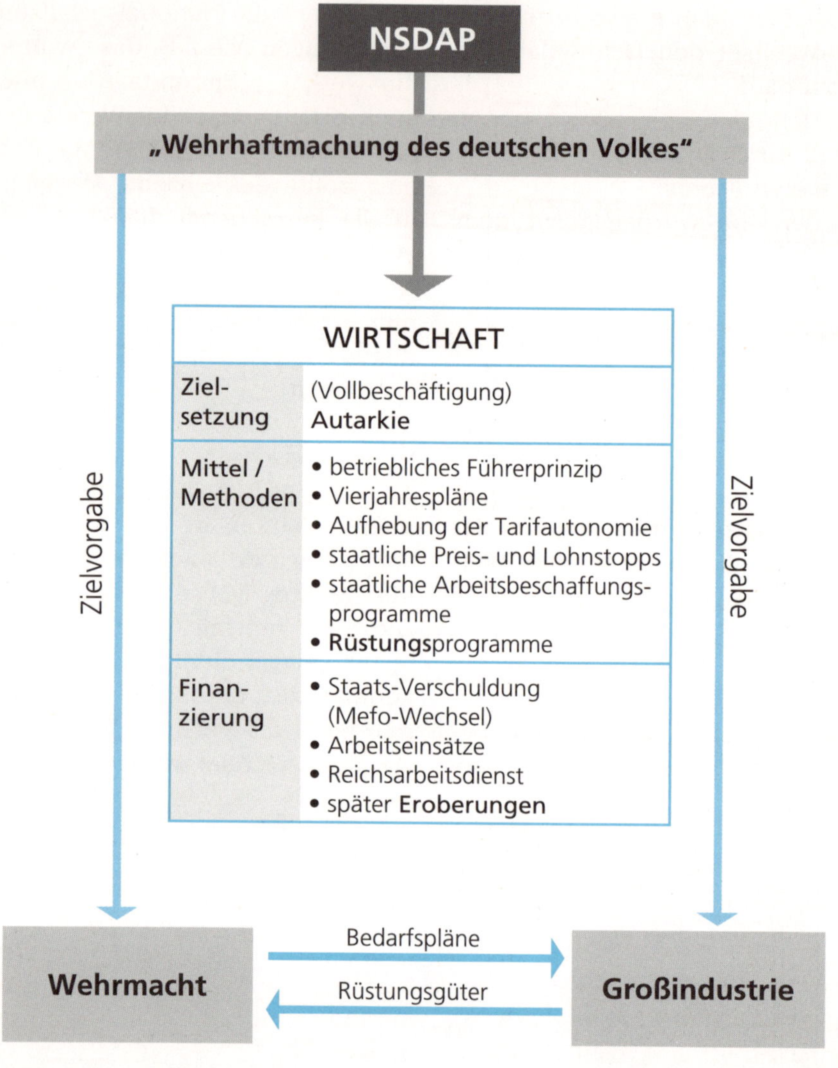

6. Die Außenpolitik und der Weg in den Zweiten Weltkrieg

Schon in der Kaiserzeit und später auch in der Zeit der Weimarer Republik spielte die Gewinnung von **„Lebensraum“** im Osten eine zentrale Rolle im Denken nationalistischer und konservativer Kreise. Auch für Hitler wurde es eines der zentralen Ziele seiner Außenpolitik. Das wichtigste Instrument für die Durchsetzung dieser Politik sollte die Wehrmacht sein. Der neue Lebensraum musste nach seiner Auffassung erkämpft werden und das gesamte Volk sollte auf diesen Kampf vorbereitet werden. Pazifismus sollte ebenso ausgerottet werden wie Marxismus.

Doch 1933 war Deutschland noch weit entfernt von der Möglichkeit mit militärischer Stärke zu drohen. Zunächst galt es die Bestimmungen des Versailler Vertrags zu lösen und rückgängig zu machen. Hitler gab sich friedfertig, verfolgte aber gleichzeitig die Revision des Status quo. Durch ein **Konkordat mit dem Vatikan** erzielte das Reich einen außenpolitischen Prestigegewinn, ein halbes Jahr später trat es aus dem Völkerbund aus. Ein **Nichtangriffspakt mit Polen** (1934) und die Rückführung des Saarlands durch Volksabstimmung (1935) schienen Hitlers außenpolitischen Kurs zu bestätigen, sodass er im März 1935 die **allgemeine Wehrpflicht** wieder einführen konnte, obwohl es einen offenen Bruch des Versailler Vertrags darstellte. Doch die Proteste Frankreichs und Großbritanniens änderten daran nichts. Nur wenige Monate später schloss der Inselstaat sogar ein Flottenabkommen mit dem Deutschen Reich.

1936, im Jahr der Olympischen Spiele in Berlin, wagte es Hitler mit Truppengewalt in das entmilitarisierte Rheinland einzumarschieren. Das faschistische Italien stand ihm als Bündnispartner zur Seite. Auch das war ein offener Bruch des Versailler Vertrags, der von den Westmächten wiederum hingenommen wurde. Diese vermeintliche Schwäche des Westens ermutigte Hitler zu weiteren Vorstößen. 1938 erfolgte der **Anschluss Österreichs**, nur kurz darauf verlangte er die Abtretung der sudetendeutschen Gebiete von der CSR. Hitlers Bereitschaft seine Forderungen mit militärischen Mitteln durchzusetzen konnte nun von niemandem mehr geleugnet werden, dennoch erwirkte er von England und Frankreich auf einer **Konferenz in München**, dass deutsche Truppen das Sudetenland besetzen durften. Erst als Prag besetzt und das „Protektorat Böhmen und Mähren" dem Deutschen Reich angegliedert wurde, gab England **seine Appeasement-Politik** auf.

Die lange Zurückhaltung der Westmächte, insbesondere **Englands**, hing nicht nur mit Hitlers geschickter Propaganda und seinem Wechselspiel aus Friedensbekundung und gewaltsamer Revision des Versailler Vertrags zusammen. Englands Interessen und Probleme lagen in Ostasien, wo Japan bedrohlich vorrückte. Es hatte nach dem Ersten Weltkrieg stark abgerüstet und war auf keine militärische Konfrontation in Europa vorbereitet, zumal die Wehrmacht als stärker eingeschätzt wurde, als sie tatsächlich war. Hinzu kam, dass die **USA** immer noch mit den Folgen der Weltwirtschaftskrise zu kämpfen hatten und sich aus der europäischen Politik völlig heraushielten.

Hitler arbeitete schon früh auf einen Krieg hin. Doch spätestens 1936, als er in dem **Vierjahresplan** die Autarkie Deutschlands forderte und Wirtschaft und Rüstung innerhalb von vier Jahren auf einen Krieg vorbereitet sehen wollte, zeichnete sich die Gefahr eines neuen Weltkrieges immer deutlicher ab. Als letzten außenpolitischen Schachzug sicherte sich Hitler in einem **Pakt mit Stalin** dessen Neutralität im Falle eines deutschen Angriffs auf Polen.

Obwohl es kritische Stimmen im Generalsstab gab, die einen Krieg als verfrüht und ungenügend vorbereitet erachteten, überfiel das Deutsche Reich am **1. September 1939** Polen. England war durch eine Garantieerklärung mit Polen verbunden und erklärte ebenso wie Frankreich zwei Tage später Deutschland den Krieg.

Durch **„Blitzkriege"**, die einen konzentrierten Einsatz von Panzerverbänden und Luftwaffe vorsahen, wurden Dänemark und Norwegen zur Sicherung der Rohstoffversorgung erobert. Auch Frankreich wurde in kurzer Zeit besiegt, sodass 1940 der Angriff auf England erfolgen konnte, der vorwiegend durch die Luftwaffe entschieden werden sollte. England konnte nicht besiegt werden, dennoch griff Deutschland am 22. Juni 1941 die Sowjetunion an und begab sich damit wieder in einen Zweifrontenkrieg, der nach der Kriegserklärung an die USA und der russischen Gegenoffensive die Wehrmacht zunehmend zu überfordern begann und schon bald zur Kriegswende führte. Die Kapitulation der deutschen 6. Armee in **Stalingrad** war die erste sichtbare Niederlage, die den Rückzug und den Untergang des Deutschen Reiches einleitete. Daran änderte auch Goebbels Ausrufung des „totalen Krieges“ wenig. Die Landung alliierter Truppen in der Normandie und die sowjetische Offensive an der Ostfront führten schließlich zur bedingungslosen Kapitulation der deutschen Wehrmacht am **8. Mai 1945**. Mehr als 55 Millionen Menschen starben in diesem Krieg, die meisten von ihnen waren Zivilisten.

Hitlers erste Ansprache vor den Generälen der Reichswehr am 3. 2. 1933 (sog. Liebmann-Niederschrift)

Ziel der Gesamtpolitik allein: Wiedergewinnung der politischen Macht. Hierauf muß gesamte Staatsführung eingestellt werden. […]

(1) Im Innern. Völlige Umkehrung der gegenwärt. innenpol. Zustände in D. Keine Duldung der Betätigung irgendwelcher Gesinnung, die dem Ziel entgegensteht (Pazifismus!). Wer sich nicht bekehren läßt, muß gebeugt werden. Ausrottung des Marxismus mit Stumpf und Stiel. Einstellung der Jugend u. des ganzen Volkes auf den Gedanken, daß nur d. Kampf uns retten kann u. diesem Gedanken gegenüber alles zurückzutreten hat. (Verwirklicht in d. Millionen d. Nazi-Beweg. Sie wird wachsen.) Ertüchtigung der Jugend u. Stärkung des Wehrwillens mit allen Mitteln. Todesstrafe für Landes- und Volksverrat. Straffste autoritäre Staatsführung. Beseitigung des Krebsschadens der Demokratie!

(2) Nach außen. Kampf gegen Versailles, Gleichberechtigung in Genf; aber zwecklos, wenn Volk nicht auf Wehrwillen eingestellt. […]

(4) Aufbau der Wehrmacht wichtigste Voraussetzung für Erreichung des Zieles; Wiedererringung der pol. Macht. […] Wie soll pol. Macht, wenn sie gewonnen ist, gebraucht werden? Jetzt noch nicht zu sagen. Vielleicht Erkämpfung neuer Export-Mögl., vielleicht – und wohl besser – Eroberung neuen Lebensraumes im Osten u. dessen rücksichtslose Germanisierung. […] Gefährlichste Zeit ist die des Aufbaus der Wehrmacht. Da wird sich zeigen, ob Fr(ankreich) Staatsmänner hat; wenn ja, wird es uns Zeit nicht lassen, sondern über uns herfallen (vermutlich mit Ost-Trabanten).

(Hofer, Walther [Hrsg.]: Der Nationalsozialismus. Dokumente 1933–1945. Fischer, Frankfurt a. M. 1957, S. 180 f)

Arbeitsaufträge

1. *Welche außenpolitischen Zielsetzungen gibt Hitler bereits 1933 seinen Generälen bekannt?*

2. *Zeichnen Sie anhand der Chronologie und der Sachinformationen die Realisierung der genannten Zielsetzungen nach.*

3. *Wie reagierten Frankreich und Großbritannien auf Hitlers Außenpolitik bis 1939?*

CHRONOLOGIE

Revisionspolitik bis 1939

1933

3. Februar: Geheime Ansprache Hitlers über außenpolitische Zielsetzungen vor Reichswehrgenerälen (→ Quellentext)

17. Mai: Hitler bekundet vor dem Reichstag seinen Friedenswillen und die Einhaltung internationaler Verträge.

20. Juli: Internationale Aufwertung des Hitlerregimes durch ein Reichskonkordat mit dem Vatikan

14. Oktober: Durch eine – propagandistisch wirksame – Volksabstimmung legitimierter Austritt aus dem Völkerbund

1934

26. Januar: Nichtangriffs- und Gewaltverzichtspakt mit Polen

1935

Januar: Rückführung des Saarlands in das Reich durch eine Volksabstimmung

16. März: Einführung der allgemeinen Wehrpflicht, Protest Frankreichs und Großbritanniens gegen diesen Bruch des Versailler Abkommens

18. Juni: Flottenabkommen mit Großbritannien: GB ist mit der Aufrüstung der deutschen Flotte (bis zu einer Stärke von 35% der britischen Gesamttonnage) einverstanden.

1936

7. März: Einmarsch deutscher Truppen in das entmilitarisierte Rheinland (eigenmächtige Revision des Versailler Vertrags)

August: Hitlers geheime Denkschrift zum Vier-Jahresplan: Einsatzbereitschaft der deutschen Armee und Kriegsfähigkeit der deutschen Wirtschaft in vier Jahren

25. November: Deutsch-italienische Übereinkunft über eine Achse Berlin – Rom. Intervention beider Staaten im Spanischen Bürgerkrieg zugunsten Francos

25. November: Antikominternpakt zwischen Deutschland und Japan zur Bekämpfung der kommunistischen Internationale

1937

6. März: Italien tritt dem Antikominternpakt bei.

5. November: Geheimbesprechung Hitlers mit den Oberbefehlshabern der Wehrmacht: Hitler kündigt grundsätzliche Entschlossenheit zur Anwendung militärischer Gewalt an.

1938

Mitte März: Einmarsch in Österreich und Erzwingung des österreichischen Anschlusses an Deutschland (erneuter Verstoß gegen den Versailler Vertrag)

29. September: Großbritannien, Frankreich, Italien und Deutschland unterzeichnen das **Münchner Abkommen**: Sudetendeutsche Gebiete werden dem Deutschen Reich angegliedert. Höhepunkt der **Appeasement-Politik** der Westmächte

1939

15. März: Deutsche Truppen besetzen Prag und „zerschlagen" die Tschechoslowakei. Sie wird als **Reichsprotektorat Böhmen und Mähren** Deutschland angegliedert.

31. März: Französisch-englische Garantieerklärung für Polen

23. August: Abschluss des **Hitler-Stalin-Paktes**

Entfesselung des Zweiten Weltkrieges

1. September: Deutscher Überfall auf Polen

3. September: Frankreich und Großbritannien erklären dem Deutschen Reich den Krieg.

1940

April: Besetzung Dänemarks und Norwegens

10. Mai: Beginn des Westkrieges mit dem Angriff auf Frankreich, Belgien und Holland

22. Juni: Waffenstillstand mit Frankreich: Nordfrankreich Besatzungsgebiet, Südfrankreich kollaborationsbereite Vichy-Regierung

1941

Februar: Kampf gegen England an der Seite Italiens in Libyen (Deutsches Afrikakorps)

22. Juni: Deutscher Überfall auf die Sowjetunion

7. Dezember: Japan greift die amerikanische Marinebasis **Pearl Harbor** auf Hawaii an.

11. Dezember: Hitler erklärt den USA den Krieg; Ausweitung des Krieges zum Weltkrieg

1943

31. Januar: Kapitulation der 6. deutschen Armee in **Stalingrad**: Signal für die Kriegswende

18. Februar: Goebbels fordert den „totalen Krieg".

1944

6. Juni: **Landung** der Alliierten **in der Normandie**

1945

8. Mai: Bedingungslose Kapitulation des Deutschen Reiches

SACHINFORMATIONEN

Appeasement-Politik

Der Begriff Appeasement („Beschwichtigung“) war ursprünglich ein polemisches Schlagwort für die britische Außenpolitik der Jahre 1933–1939 gegenüber den Nationalsozialisten. Es stand für den Versuch der britischen Regierung unter *Neville Chamberlain* (seit 1937), den Weltfrieden durch Zugeständnisse an Deutschland und Italien zu erhalten. Die Zurückhaltung Großbritanniens lässt sich dadurch erklären, dass das Land weltweite Interessen hatte und seine Machtstellung zugleich in Mitteleuropa, im Nahen Osten und in Ostasien bedroht sah. Ferner hatte Großbritannien nach dem Ersten Weltkrieg weitgehend abgerüstet und war militärisch ungenügend vorbereitet.

Dennoch fand diese Politik mit der Besetzung der „Rest-Tschechei“ durch deutsche Truppen 1939 ein Ende. Durch die Garantieerklärung für Polen sollte die weitere Expansion Hitlers aufgehalten werden.

Sudetenkrise / Münchner Abkommen

Die Grenzgebiete am Rande Böhmens, die Sudeten, waren seit dem Mittelalter mehrheitlich von Deutschen bewohnt und kamen im Versailler Vertrag an den neu geschaffenen Staat Tschechoslowakei. Hitler verlangte seit 1938 offen die Eingliederung der Gebiete in das Deutsche Reich. Vor allem England bemühte sich um die Vermittlung zwischen Tschechen und Deutschen, um den Frieden in Europa zu erhalten. Die Erfüllung territorialer Ansprüche sollte Hitler zufrieden stellen. Hitler erklärte wiederholt das Sudetengebiet zu seiner letzten territorialen Forderung. Im *Münchner Abkommen* wurde die Tschechoslowakei von England, Frankreich, Deutschland und Italien zur Abtretung der Gebiete an Deutschland gezwungen.

Reichsprotektorat Böhmen und Mähren

Hitler drohte unmittelbar nach der Eingliederung der sudetendeutschen Gebiete mit der Bombardierung Prags, wenn die tschechische Regierung sich nicht dem Reich unterwerfe. Staatspräsident Hacha unterzeichnete schließlich auf massiven Druck hin die Übergabe der „Rest-Tschechei“ an das Deutsche Reich. Die militärische Besetzung und die Errichtung des Reichsprotektorats Böhmen und Mähren wurden durch die gleichzeitige Unabhängigkeitserklärung der Slowakei begleitet, die jedoch ein Klientelstaat des Dritten Reiches blieb.

Hitler-Stalin-Pakt
Ein am 23. 8. 1939 abgeschlossener Nichtangriffspakt zwischen der Sowjetunion und dem Deutschen Reich überraschte die Welt. Darin garantierten sich beide Mächte Neutralität im Falle eines Angriffs auf einen Dritten. In einem geheimen Zusatzprotokoll gestanden sie sich zu, die unabhängige Republik Polen in eine deutsche und in eine russische Interessensphäre aufzuteilen und sie damit als Staat faktisch auszulöschen.
Dieser Vertrag kam den diplomatischen Bemühungen Großbritanniens zuvor, seinerseits mit der Sowjetunion einen Pakt zu schließen. Deutschland erhielt für seinen Überfall auf Polen Rückenfreiheit.

Blitzkrieg
Da die Wehrmacht für einen lange dauernden konventionellen Krieg 1939 noch nicht gerüstet war, wandte sie z. B. gegen Polen und Frankreich eine neue Strategie zur Erringung eines raschen Sieges an: konzentrierter Einsatz modernster Kampfmittel wie Panzerverbände, unterstützt von gezielten Luftangriffen.

Kriegswirtschaft
Grundlage der Kriegswirtschaft, die die materiellen Bedürfnisse der deutschen Bevölkerung trotz Krieg weiterhin ausreichend befriedigen sollte, waren die Lebensmittel- und Rohstofflieferungen aus den besiegten Ländern und eine rücksichtslose Besatzungs- und Ausbeutungspolitik zur Beschaffung von ca. 7 Millionen Zwangsarbeitern.

Lebensraumpolitik
Schon in „Mein Kampf“ war Hitlers Expansionsprogramm vorgezeichnet. Lebensraum im Osten war nach Hitler die einzige Möglichkeit, dem deutschen „Bevölkerungsdruck“ gerecht zu werden.

Besatzungspolitik
In Osteuropa trat die deutsche Besatzungsmacht anders auf als in Westeuropa. Dies war auf die nationalsozialistische Lebensraumpolitik zurückzuführen. Mit unmenschlicher Härte wurde der Osten als deutscher Siedlungsraum vorbereitet. Nach dem Sieg über Polen wurden die ins Reich eingegliederten Gebiete sogleich „germanisiert“, d. h., die polnische Bevölkerung wurde von der SS deportiert oder vertrieben. An ihrer Stelle siedelte man Deutsche an.

Gleichzeitig betrieben die SS und Teile der Wehrmacht die sogenannte „Endlösung der Judenfrage" mit rücksichtsloser Verfolgung und Vernichtung der jüdischen Bevölkerung.
Im Krieg gegen die Sowjetunion erreichte die NS-Rassenpolitik ihren Höhepunkt. Im *Kommissarbefehl* wurde die Vernichtung der politisch-militärischen Führung befohlen. Daneben existierte der *Generalplan Ost,* der eine deutsche Besiedlung von Ukraine, Weißrussland, Baltikum und Polen in den kommenden 30 Jahren vorsah.

Stalingrad

Die Kapitulation der 6. Armee in Stalingrad am 31. Januar 1943 war das entscheidende Signal für die Wende im Krieg. Die russische Front geriet in Bewegung und die deutschen Einheiten wurden nach und nach zurückgedrängt.

Pearl Harbor

Am 7. 12. 1941 überfielen die Japaner den amerikanischen Flottenstützpunkt Pearl Harbor auf Hawaii und vernichteten nahezu die gesamte Pazifikflotte. Die USA erklärten daraufhin Japan den Krieg. Deutschland seinerseits nahm im Glauben, die Amerikaner wären auf dem pazifischen Kriegsschauplatz gebunden, den Überfall zum Anlass, den USA den Krieg zu erklären.

Landung in der Normandie

Die Landung von ca. 1,5 Millionen alliierter Soldaten in der Normandie war für das Kriegsende von entscheidender Bedeutung. Im September 1944 erreichten Briten und Amerikaner die deutsche Westgrenze, während die Rote Armee zu diesem Zeitpunkt bis nach Ostpreußen und die Weichsel vorgestoßen war.

Zusammenfassung

Hitlers außenpolitische Ziele

- Revision des Versailler Vertrags
- Lebensraum im Osten durch Eroberung, Vernichtung und Vertreibung

Maßnahmen	Reaktionen / Folgen
20. Juli 1933 Konkordat mit dem Vatikan	Prestigegewinn
14. Oktober 1933 Austritt aus dem Völkerbund	Demonstration von Stärke, Einleitung der Revisionspolitik
26. Januar 1934 Nichtangriffspakt mit Polen	Hitlers Friedensabsichten wird Glauben geschenkt
13. Januar 1935 Rückführung des Saarlandes	Innenpolitischer Prestigegewinn
16. März 1935 Einführung der allgemeinen Wehrpflicht	Proteste Englands und Frankreichs, Demonstration der Stärke, innenpolitischer Prestigegewinn
18. Juni 1935 Flottenabkommen mit England	Hitler setzt sich durch und wird als Bündnispartner akzeptiert
7. März 1936 Einmarsch in das Rheinland	Erneuter Bruch des Versailler Vertrags wird von den Westmächten hingenommen
11. März 1938 Einmarsch in Österreich	Erneuter Bruch des Versailler Vertrags wird von den Westmächten hingenommen
21. April 1938 Hitler fordert das Sudetenland	Westmächte geben nach – 29. 9. Münchner Abkommen, Erfolg Hitlers
1. September 1939 Deutscher Überfall auf Polen	Am 3. September erklären England und Frankreich dem DR den Krieg

Zweiter Weltkrieg, über 55 Millionen Tote

7. Die Unterdrückung und Verfolgung der Juden

Die Feindschaft gegen die Juden hatte bereits Tradition in Deutschland (→ Längsschnitt Antijudaismus, Antisemitismus), doch haben die Nationalsozialisten diesen Hass in die Tat umgesetzt und die systematische, staatlich initiierte und organisierte Ermordung von Millionen Menschen vorgenommen.

In der ersten Phase wurden Juden wirtschaftlich geschädigt, aus dem öffentlichen Dienst entlassen und mit anderen Beschränkungen belegt. Alle Maßnahmen wurden durch Gesetze gedeckt, von denen einige Hundert erlassen wurden. Zwischen 1935 und 1938 wurde diese Entrechtung auf die bürgerlichen Rechte ausgedehnt. Durch die **Nürnberger Gesetze** waren Juden keine Staatsbürger mehr, sie verloren das aktive und passive Wahlrecht. Ihnen wurden die Ehe und außerehelicher Verkehr mit Deutschen verboten.

Immer mehr Bereiche des öffentlichen Lebens wurden Juden verschlossen. 1938 wurden ihnen die Pässe entzogen, neue erhielten sie nur mit dem Zusatz „J“. Sie mussten ihre Vornamen mit „Sara“ oder „Israel“ ergänzen. Im November kam es in der **Reichspogromnacht,** die von den Nationalsozialisten zynisch als „Reichskristallnacht“ bezeichnet wurde, zu massiven Übergriffen auf jüdische Geschäfte. Synagogen wurden in Brand gesteckt und am Ende wurde von den Juden auch noch eine Entschädigung von 1 Milliarde Reichsmark für die entstandenen Schäden gefordert.

Die Diskriminierung und Entrechtung nimmt zu, es kommt zu **Deportationen**, die mit Ausbruch des Zweiten Weltkrieges zunehmen. Juden werden in Gettos und Konzentrationslager gesperrt, ihr Vermögen wird eingezogen und sie müssen sich durch einen „Judenstern“ kenntlich machen.

Nach der Wannsee-Konferenz 1942 wird die von Hitler geforderte „Endlösung“ systematisch durchgeführt. Vorwiegend in Polen werden **Vernichtungslager** eingerichtet, in denen Millionen von Menschen mit höchstmöglicher Effizienz umgebracht werden. Wer noch gesund und arbeitsfähig ist, wird zu schwerer körperlicher Arbeit in deutschen Fabriken herangezogen. Die Arbeitsbedingungen planen die Entkräftung und den Tod der Gefangenen ein. Das größte Vernichtungslager, Auschwitz, arbeitet eng mit der IG Farben zusammen, wo auch das Gas für die Massenermordungen entwickelt wird.

Nicht nur Juden, sondern alle von den Nationalsozialisten als lebensunwert angesehene Menschen sollten im Interesse der „arischen Rasse" beseitigt werden, darunter fielen auch Geisteskranke, Invaliden und „Asoziale". Der Völkermord nahm im Zusammenhang mit der Lebensraumpolitik besonders im Osten unvorstellbare Dimensionen an.

CHRONOLOGIE

I. 1933 – 1935: „Gesetzliche" Maßnahmen gegen die wirtschaftliche Existenz der Juden

1933

1. April: Boykott jüdischer Geschäfte

7. April: Gesetz zur Wiederherstellung des Berufsbeamtentums (Ariernachweis) = systematische „Aussonderung" der Juden aus dem öffentlichen Dienst und dem öffentlichen Bewusstsein, hauptsächlich gegen die wirtschaftliche Existenz der jüdischen Mitbürger gerichtet

II. 1935 – 1938: Maßnahmen zur Einschränkung der politischen Rechte und der Diskriminierung der gesellschaftlichen Stellung der Juden

1935

15. September: **Nürnberger Gesetze:** Juden „Bürger minderen Ranges" *(Reichsbürger ist nur der Staatsbürger deutschen oder artverwandten Blutes)*, Eheschließungen und außerehelicher Geschlechtsverkehr zwischen „Juden und Angehörigen deutschen oder artverwandten Blutes" sind verboten.

14. November: Aberkennung des Wahlrechts und des Rechts zur Wahrnehmung öffentlicher Ämter

III. 1938 – 1942: Vollendung der wirtschaftlichen, rechtlichen und gesellschaftlichen Diskriminierung der Juden in Deutschland und in den besetzten Gebieten

1938

17. August: Verleumdungs- und Diskriminierungskampagne: *(Die Juden sind unser Unglück)*; Beiname *Sara* oder *Israel*; Pässe werden mit dem Kennbuchstaben „J" versehen.

9./10. November: **Reichspogromnacht („Reichskristallnacht"):** Zerstörung jüdischer Geschäfte, Synagogen und Einrichtungen; Sperrbezirke für Juden, **Zwangsarisierung** von Geschäften/Firmen, Vollendung der wirtschaftlichen, rechtlichen und gesellschaftlichen Diskriminierung der Juden in Deutschland; Verbot der Teilnahme an kulturellen Veranstaltungen

1939

12. Oktober: Beginn der Deportation von österreichischen und böhmischen Juden nach Polen

1940

10. Februar: Beginn der Deportation deutscher Juden nach Polen

30. April: Errichtung des **Konzentrationslagers Auschwitz**

IV. 1942 – 1945: „Endlösung der Judenfrage" durch Massenvernichtung in den Konzentrationslagern

1941

1. September: Verordnung über das Tragen des Judensterns in der Öffentlichkeit

23. Oktober: Auswanderungsverbot

1942

20. Januar: Wannsee-Konferenz: *Eichmann* ist der Verantwortliche für die Durchführung der „Endlösung der Judenfrage", d. h. die fabrikmäßige Tötung der Juden in den Vernichtungslagern wie Auschwitz, Majdanek, Treblinka …

1943

16. Mai: Vernichtung des Warschauer Gettos (nach Aufstand der dort eingesperrten Juden)

1945

27. Januar: Befreiung des Lagers Auschwitz durch sowjetische Truppen

SACHINFORMATIONEN

Antisemitismus

(→ Längsschnitt: Antijudaismus, Antisemitismus)
Der Nationalsozialismus steigerte den Antisemitismus zu einer fanatischen Judenfeindschaft. Für Hitler und seine Anhänger waren die Juden die Erzfeinde der Menschheit und Ursache allen Übels. Juden waren nach nationalsozialistischer Auffassung sowohl im Weltkapitalismus als auch im Weltkommunismus führend.

Arier

Nach Auffassung der Nationalsozialisten ist der Kampf zwischen den unterschiedlichen Rassen der eigentliche Motor der Geschichte. In der *arischen* („nordischen", „germanischen"), eigentlichen Herrenrasse rangiert das deutsche Volk an oberster Stelle. Dieses Volk kann seinem geschichtlichen Auftrag nur gerecht werden, wenn es dafür sorgt, „dass das Blut rein erhalten bleibt". Dazu gehört u. a. das „Ausmerzen" des „Artfremden". Der wichtigste, existenzentscheidende Kampf aber richtet sich gegen die „Parasiten": *„Die bekannteste und gefährlichste Art dieser Rasse ist das Judentum."*

Nürnberger Gesetze

Endgültig zu Staatsbürgern minderen Rechts wurden die Juden durch die auf dem Reichsparteitag 1935 in Nürnberg erlassenen Gesetze: das „Reichsbürgergesetz" und das „Gesetz zum Schutze des deutschen Blutes und der deutschen Ehre". Die arische Abstammung wurde zur Vorbedingung für die Anerkennung als Vollbürger. Eheschließungen zwischen Ariern und Juden wurden als „Rassenschande" verboten, später mit dem Tode bestraft. Die Verfolgung und ständige Diskriminierung der jüdischen Mitbürger in Deutschland hatte mit diesen Gesetzen eine juristische Grundlage erhalten.

Pogrom

(russ. „Verwüstung"), Bezeichnung für die Judenverfolgungen im zaristischen Russland. Später Ausdehnung des Begriffs auf alle Ausschreitungen gegen nationale, religiöse und ethnische Gruppen.

„Reichskristallnacht"

Die von den Nationalsozialisten so genannte Pogromnacht gegen die jüdischen Mitbürger wurde offiziell als Ausdruck der Rache des deutschen Volkes für das Attentat eines 17-jährigen deutschstämmigen Juden, *Herschel Grynszpan,* auf den deutschen Botschaftsangehörigen *von Rath* in Paris gerechtfertigt.

SA-Kommandos steckten „spontan" Synagogen in Brand. Den Juden im Reich wurde zynischerweise eine „Sühneleistung" von einer Milliarde Reichsmark dafür auferlegt.

Arisierung

Im Gefolge der Pogrome wurden jüdische Geschäftsinhaber gezwungen, ihre Firmen in „arische" Hände zu übergeben.

Wannsee-Konferenz

Die im Januar in Berlin abgehaltene Konferenz regelte die technische und organisatorische Seite der (physischen) „Endlösung der Judenfrage". Damit war der Judenmord, der größte Völkermord der Weltgeschichte, zur offiziellen Angelegenheit des deutschen Staates geworden. Dennoch versuchte die NS-Führung dies vor der Öffentlichkeit geheim zu halten. Begriffe wie „Evakuierung", „Sonderbehandlung" und „Arbeitseinsatz im Osten" dienten dazu, das Geschehen zu tarnen.

Konzentrationslager

Bereits in den ersten Wochen nach der Machtübernahme waren von SA und SS politische Gegner in KZ eingewiesen worden. Eines der ersten war das KZ Dachau bei München.

Konzentrationslager waren keine Erfindung der Nazis, wurden aber von ihnen zu einem mit höchster Perfektion funktionierenden System zur Ausschaltung von Regimegegnern und aller sonstwie unliebsamen Personen entwickelt.

Auschwitz

Auf Anordnung *Himmlers* wurde Auschwitz 1940 zum größten Konzentrationslager des NS-Staates ausgebaut. Seine Gesamtausdehnung betrug einschließlich der Nebenlager 40 qkm. In Erwartung billiger Arbeitskräfte errichtete die IG Farben 1941 in unmittelbarer Nähe ein Werk. Diese Firma entwickelte u. a. das Giftgas Zyklon B, das 1941 erstmalig an sowjetischen Kriegsgefangenen „mit Erfolg" erprobt wurde. Daraufhin wurde die Massenvergasung der Juden Europas gemäß dem in der *Wannsee-Konferenz* vorgestellten Organisationsplan angeordnet.

Bei der Ankunft in Auschwitz-Birkenau begann die so genannte „Selektion", d. h. die Trennung nach Arbeitsfähigen und Nichtarbeitsfähigen. Letztere gingen sogleich den Weg in die Gaskammern.

Insgesamt sind in den Vernichtungslagern mindestens 3 Millionen Juden ermordet worden. Viele starben auch aufgrund der harten Arbeitsbedingungen und der katastrophalen Ernährungslage.

Verfolgung weiterer Minderheiten

Die Verfolgung der Nationalsozialisten richtete sich grundsätzlich gegen Menschen, deren Existenz die „Reinhaltung der Rasse" gefährdete, so z. B. die „unnützen Esser" wie Geisteskranke, Heimbewohner, Waisenkinder, Invaliden, „Asoziale". Das sog. *Euthanasieprogramm* *, d. h. die Vernichtung „lebensunwerten Lebens", fand in eigens dafür eingerichteten „Heil- und Pflegeanstalten" statt.

Weitere Randgruppen, die sich der Verfolgung und Ermordung ausgesetzt sahen, waren Homosexuelle, die Zeugen Jehovas, aber auch Sinti und Roma. Durch die „Nürnberger Gesetze" rechtlos geworden, fasste man sie ab 1938 in Sammellagern zusammen und ermordete sie von 1942 an in Auschwitz-Birkenau.

---

* Euthanasie = griech. schöner Tod.

Zusammenfassung

1933 – 1935

- Boykott jüdischer Geschäfte
- „Aussonderung" der Juden aus dem öffentlichen Dienst
- „Ariernachweis"

„Gesetzliche" Maßnahmen gegen die wirtschaftliche Existenz der Juden

1935 – 1938

Nürnberger Rassengesetze

„Reichsbürger ist nur der Staatsbürger deutschen oder artverwandten Blutes"

Aberkennung der bürgerlichen Rechte

Maßnahmen zur Einschränkung der politischen Rechte und zur Diskriminierung der gesellschaftlichen Stellung der Juden

1938 – 1942

„Die Juden sind unser Unglück!"

- „Reichskristallnacht"
- Arisierung jüdischer Geschäfte
- „Sara" oder „Israel" als Passeintrag
- Erste Deportationen
- Errichtung von Auschwitz

Vollendung der wirtschaftlichen, rechtlichen und gesellschaftlichen Diskriminierung der Juden in Deutschland und in den besetzten Gebieten

1942 – 1945

Judenstern obligatorisch
Gettoisierung der Juden

Wannsee-Konferenz

VÖLKERMORD

8. Widerstand gegen die NS-Diktatur

Als am 8. Mai 1945 das Deutsche Reich bedingungslos kapitulierte, brach auch die nationalsozialistische Diktatur zusammen. Von außen, durch den militärischen Sieg der Allierten, wurde die Terrorherrschaft in Deutschland beseitigt. Den Deutschen selbst ist es nicht gelungen die Nazis und ihr Regime zu Fall zu bringen. Dennoch waren sie nicht ausschließlich ein Volk von Mitläufern, auch wenn Hitler besonders in den ersten Jahren breiten Zuspruch in der Bevölkerung erhielt.

Gegen die Nazis zu sein bedeutete in der Lesart der damaligen Propaganda auch gegen Deutschland zu sein und die für alle Welt offensichtlichen „Erfolge" der Politik Hitlers. Der moralische und vom Gehorsam geprägte Druck wurde durch den Terror der Gestapo und der Sicherheitsorgane ergänzt und lähmte viele Menschen, die das Regime innerlich ablehnten. Lange verkannt wurde der **Widerstand der Arbeiterbewegung**, deren Parteien und Organisationen verboten waren, die aber im Untergrund Flugblätter verteilten und zum Teil auch Spionage für die Sowjetunion betrieben. Bekannt wurde die „Rote Kapelle", die Verbindungen zu höchsten staatlichen Stellen hatte.

Der Widerstand der **christlichen Konfessionen** beschränkte sich auf Einzelpersonen, meist aus den niederen kirchlichen Rängen. Ziel war die Wahrung der kirchlichen Autonomie und der Menschenrechte. So wurde mit Erfolg das Euthanasieprogramm bekämpft.

Auch unter **Jugendlichen** gab es vereinzelt offenen Widerstand gegen das Naziregime. Die Weiße Rose, eine studentische Gruppe, ist am bekanntesten geworden. Zum Teil wandten sich Jugendliche gegen die Erziehungs- und Bildungsideale der Nationalsozialisten und praktizierten eine alternative Lebensgestaltung, wie die Edelweißpiraten oder die so genannte Swing-Jugend.

Unter **Intellektuellen** bildeten sich Gesprächskreise, wie der „Kreisauer Kreis", die über die politische Lage und über eine mögliche Erneuerung Deutschlands nach Hitler diskutierten.

Im **Militär** erhob sich schon früh Widerstand gegen Hitler. Der geplante Putsch um den General Ludwig Beck scheiterte allerdings an dem Erfolg Hitlers auf der Konferenz in München um die Frage des Sudetenlandes. Die späteren Erfolge in den „Blitzkriegen“ und die Treuepflicht der auf Hitler vereidigten Offiziere ließen kaum Widerstand aufkommen. Erst angesichts der nahenden Katastrophe fand sich um den Grafen von Stauffenberg und den Leipziger Oberbürgermeister Carl von Goerdeler eine Gruppe zusammen, die durch ein Attentat auf Hitler die Niederlage Deutschlands verhindern wollte.

Auch verschiedene Einzeltäter, wie der Schreiner Georg Elser, versuchten durch Attentate Hitler zu beseitigen. Die meisten Widerstandskämpfer bezahlten ihren Mut mit dem Leben.

Helmuth James Graf von Moltke*[1] *(1907 – 1945) schildert in einem seiner letzten Briefe vor der Hinrichtung (10. Januar 1945) die Motive des Kreisauer Kreises

(Eben fällt mir noch etwas zum Tatbestand ein. Mich fragte er: „Sehen Sie ein, daß Sie schuldig sind?" Ich sagte im wesentlichen nein. Darauf Freisler[2]: „Sehen Sie, wenn Sie das immer noch nicht erkennen, wenn Sie immer noch darüber belehrt werden müssen, dann zeigt das eben, daß Sie anders denken und damit sich selbst aus der kämpfenden Volksgemeinschaft ausgeschlossen haben.") Das Schöne an dem so aufgezogenen Urteil ist folgendes: Wir haben keine Gewalt anwenden wollen – ist festgestellt; wir haben keinen einzigen organisatorischen Schritt unternommen, mit keinem einzigen Mann über die Frage gesprochen, ob er einen Posten übernehmen wollte – ist festgestellt; in der Anklage stand es anders. Wir haben nur gedacht, und zwar eigentlich nur Delp, Gerstenmaier[3] und ich, die anderen gelten als Mitläufer [...]

Und vor den Gedanken dieser drei einsamen Männer, den bloßen Gedanken, hat der NS. eine solche Angst, daß er alles, was damit infiziert ist, ausrotten will. Wenn das nicht ein Kompliment ist. [...], wir sind aus jeder praktischen Handlung heraus, wir werden gehenkt, weil wir zusammen gedacht haben. Freisler hat recht, tausendmal recht; und wenn wir schon umkommen müssen, dann bin ich allerdings dafür, daß wir über dieses Thema fallen. [...]

(Hofer, Walter: Der Nationalsozialismus. Dokumente 1933 – 1945. Fischer, Frankfurt a. M. 1957, S. 336)

1 Graf von Moltke wollte zwar den Nationalsozialismus ablösen, den Gedanken an eine gewaltsame Beseitigung Hitlers lehnte er jedoch ab.

2 Roland Freisler war seit 1942 Präsident des Volksgerichtshofes und leitete die Prozesse gegen die Widerstandskämpfer.

3 Alfred Delp, Münchner Jesuitenpater mit Kontakten zum Kreisauer Kreis; Eugen Gerstenmaier, Mitglied der Bekennenden Kirche, vom Volksgerichtshof zu sieben Jahren Zuchthaus verurteilt. War von 1954 – 1969 als CDU-Abgeordneter Präsident des Deutschen Bundestages.

Arbeitsaufträge

1. *Was genau wirft der vorsitzende Richter Freisler Graf von Moltke und dem Kreisauer Kreis vor?*

2. *Informieren Sie sich anhand des Textes und der Sachinformationen über Ziele und Motive des Kreisauer Kreises.*

3. *Machen Sie sich mit anderen Gruppierungen und Zielsetzungen des deutschen Widerstandes bekannt.*

CHRONOLOGIE

1933

September: Der evangelische Pastor Niemöller gründet den Pfarrernotbund, aus dem später die **Bekennende Kirche** hervorgeht.

1938

Ein Putschversuch von Offizieren um den Generalstabschef Ludwig Beck und Hans Oster, den Generalmajor der Abwehr, wird durch Hitlers Erfolg beim Münchner Abkommen vereitelt.
Bildung des **Kreisauer Kreises**

1939

8. November: Der Heidenheimer Schreiner Georg Elser scheitert mit einem Bombenattentat auf Hitler im Münchner Bürgerbräukeller.
Die **Rote Kapelle,** eine kommunistisch orientierte Gruppe, versorgt die UdSSR per Funk mit Berichten zur politischen, militärischen und wirtschaftlichen Lage in Deutschland.

1941

Der katholische Bischof von Galen *(Löwe von Münster)* predigt in Münster gegen das Euthanasieprogramm.

1942

Auf den Chef des Staatssicherheitsdienstes Heydrich (stellvertretender Reichsprotektor von Böhmen und Mähren) wird in Prag ein Attentat verübt. Zerschlagung der **Roten Kapelle**

Sommer 1942 – Februar 1943

Die Gruppe um die Geschwister Scholl ruft in München zum Widerstand auf.

1943

18. Februar: Letztes Flugblatt der **Weißen Rose**, Verhaftung der Geschwister Scholl

22. Februar: Hinrichtung der Geschwister Scholl in München

9. August: **Kreisauer Kreis** von überwiegend christlich-sozialen Mitgliedern entwirft ein Programm zur Neuordnung Deutschlands.

1944

20. Juli: Das von Graf von Stauffenberg organisierte und durchgeführte Bombenattentat im Führerbunker „Wolfsschanze" in Ostpreußen scheitert.

SACHINFORMATIONEN

Widerstand im Dritten Reich

Die Gesamtheit der Kräfte, die in Deutschland Widerstand gegen das nationalsozialistische Regime leisteten. Er umfasste ein breites Spektrum von organisierten und nichtorganisierten Kräften aus den Gewerkschaften, Sozialdemokraten, Kommunisten, konservativ-nationalen Kreisen sowie Einzelpersonen.

Bekennende Kirche

Ausgehend von Pastor *Martin Niemöllers* Pfarrernotbund von 1933 bezeichneten sich so jene Teile der evangelischen Kirche Deutschlands, die die nationalsozialistische Reichskirche ablehnten.

Rote Kapelle

Seit der Reichstagsbrandverordnung vom 28. 2. 1933 waren die Kommunisten verboten und verfolgt worden. Im Untergrund versuchten sie, ihre zerschlagene Organisation wieder aufzubauen. Nach Beginn des Krieges gegen die Sowjetunion (Juni 1941) gelang der *Gestapo* die Zerschlagung einer Verschwörergruppe, die Informationen an den sowjetischen Geheimdienst weitergegeben hatte und deren führende Köpfe in mehreren Reichsministerien tätig waren (*Arvid Harnack,* Reichswirtschaftsministerium, und *Harro Schulze-Boysen*, Luftfahrtministerium). Die Gestapo gab dieser Widerstandsgruppe den Namen *Rote Kapelle*. Nach ihrer Aufdeckung 1942 wurden 75 Beteiligte hingerichtet.

Bürgerliche Gruppen

SPD- und Gewerkschaftsführer wie *Wilhelm Leuschner* und *Julius Leber* arbeiteten im Untergrund mit den bürgerlichen Kräften des Widerstandes zusammen, deren zentrale Gestalt der damalige Leipziger Oberbürgermeister *Carl Friedrich Goerdeler* war, der auch in Kontakt zur Gruppe um General *Beck* stand.

Militärische Gruppierungen

Im Zusammenhang mit der Sudetenkrise und der zunehmenden Kriegsbereitschaft Hitlers entstanden auch innerhalb der Wehrmacht oppositionelle Gruppen. Maßgebliche Führungspersönlichkeiten waren der während der *Sudetenkrise* zurückgetretene Generalstabschef *Ludwig Beck* und Abwehrchef *Wilhelm Canaris*. Mit dem diplomatischen Sieg Hitlers im Münchner Abkommen verlor die Gruppe den äußeren Anlass für eine konkrete Aktion. Auch die Erfolge der ersten Kriegsjahre *(Blitzkriege)* stürzte die Widerstandsgruppen in ein Dilemma. Es war undenkbar, einen erfolgreichen, von den Massen bewunderten Diktator zu stürzen. Moralische Skrupel traten hinzu. Widerstand von Soldaten galt lange Zeit als ehrloser Landesverrat. Der militärische Widerstand wollte die demokratischen Verhältnisse nicht wiederherstellen, sondern Deutschland lediglich vor einer militärischen Katastrophe bewahren.

Kreisauer Kreis

Während des Krieges gewann ein Kreis um den Grafen *Helmuth James Graf von Moltke* auf dessen Gut Kreisau an Einfluss. In diesem Kreis trafen sich Regimegegner aller politischen Richtungen und befassten sich mit der erhofften sittlichen und politischen Erneuerung nach dem Sturz der NS-Herrschaft. Moltke wurde im Januar 1944 von der Gestapo verhaftet, der Kreis hörte nahezu auf zu bestehen und war an den Ereignissen des 20. Juli nicht beteiligt.

Edelweißpiraten

Vor allem im Rheinland hatten sich aus der Hitlerjugend heraus Gruppen gebildet, die versuchten, eigene Lebensgestaltungsvorstellungen zu verwirklichen; sie nannten sich *Edelweißpiraten*.

Weiße Rose

Eine andere Form jugendlichen Protestes hatte sich in Teilen der Studentenschaft herausgebildet. Die breiteste Wirkung erreichte die Münchner Gruppe um die *Geschwister Scholl*. Sie kamen aus bürgerlichen Familien und handelten aus christlich-humanen Motiven. Im Februar 1943 verriet ein Hausmeister ihre Flugblattaktion. Der Volksgerichtshof verurteilte sie als „verworfene Subjekte“ zum Tode.

Kirchliche Kreise

Beide Konfessionen setzten sich selten ein, wenn außerhalb ihres Wirkungsbereiches Gerechtigkeit oder Menschenwürde vom NS-Staat verletzt wurden. Eher war es das mutige Auftreten einzelner Persönlichkeiten. *Martin Niemöller* für die Bekennende Kirche, *Dietrich Bonhoeffer* während des Krieges; der Jesuitenpater *Alfred Delp*, der in Kontakt zum Kreisauer Kreis stand, sowie der evangelische Bischof *Theophil Wurm* und der katholische Bischof *August Galen*, die öffentlich gegen das Euthanasieprogramm protestierten.

Volksgerichtshof

1936 eingesetzt, übernahm der Volksgerichtshof als letzte Instanz politische und Hoch- und Landesverratsdelikte zur Aburteilung. Seine Richter wurden von Hitler ernannt. Vorsitzender Richter war *Freisler.* In erster Linie war dieses Gericht ein politisches Werkzeug und diente der Unterdrückung und Vernichtung politischer Gegner. Vor dem Volksgerichtshof fanden u. a. die Verfahren gegen die Mitglieder der deutschen Widerstandsbewegung des 20. Juli statt.

20. Juli 1944

Der Kommandant des Ersatzheeres *Graf Schenk von Stauffenberg* entschloss sich im Juli 1944 zum Attentat auf Hitler und bereitete den Putsch mit dem *Beck-Goerdeler*-Kreis generalstabsmäßig vor. Am 20. Juli legte er im Führerhauptquartier eine Zeitzünderbombe, um anschließend in Berlin den Putsch durchzuführen. Hitler überlebte, der Umsturz brach in allen Reichsteilen zusammen. Die Verschwörer wurden verhaftet, hingerichtet oder dem Volksgerichtshof überstellt und zum Tode verurteilt.

Zusammenfassung

Träger	Motive	Ziele	Vorgehensweise
Arbeiterbewegung **KPD, SPD, Gewerkschaften** **Rote Kapelle**	weltanschauliche Gründe	Mobilisierung der Massen, Sturz des Nazi-Regimes, Wiederaufbau der eigenen Organisationen	Bildung von Gruppen, Flugblattaktionen, Zeitschriften, Sabotage Problem: innere Zerstrittenheit (SPD–KP Spionage für die Sowjetunion
Christliche Konfessionen **Bekennende Kirche**	christliche Ethik	Wahrung der Menschenrechte und der kirchlichen Autonomie	Kein Widerstand von d Kirchenleitung; Einzelaktionen: Predigt Unterstützung Verfolgt
Jugendliche **Weiße Rose** **Edelweißpiraten** **Swing-Jugend**	moralische Gründe	Widerstand gegen nationalsozialistische Politik und Lebensformen	vereinzelte Sabotageak Flugblattaktionen

ger	Motive	Ziele	Vorgehensweise
sprächs- eise **isauer Kreis**	Sorge um die Entwicklung in Deutschland	Erneuerung Deutschlands nach Hitler	Gedankenaustausch, keine Aktionen
litärs **k, Goerdeler** **Stauffen- g**	Furcht vor militärischer Katastrophe	Neue politische Führung in Deutschland, keine grundsätzliche Änderung des politischen Systems	Planung eines Staatsstreichs; Attentat auf Hitler (20. Juli 1944)
zel- tionen **rg Elser** **zelpersonen**	unterschiedlich Sorge wegen Krieg	unterschiedlich	 Attentat auf Hitler z. B. Unterbringung von Juden

C Methodik

1. Gemälde als historische Quellen

Ein Gemälde wurde in der Regel für einen bestimmten Zweck geschaffen und drückt sichtbar die Intention des Künstlers oder seines Auftraggebers aus. Es kann die Wirklichkeit durchaus überzeichnen und dadurch ein bewusst gestaltetes Abbild liefern. Gerade aber der typisierende Aspekt künstlerischer Gestaltung kann den Betrachter über Zeitströmungen und Empfindungen unmittelbar „ins Bild setzen".

Anleitung zur Erschließung eines Werks der politischen bildenden Kunst

Sicherlich setzt der Historiker andere Akzente bei der Betrachtung eines Bildes als der Kunsthistoriker. Ihn interessiert vordringlich, was er über die Vergangenheit erfahren kann.

Beispiel

George Grosz: „Stützen der Gesellschaft", 1926

Siehe Abb. auf S. 151

1. **Was ist dargestellt?**
   Platzierung der Personen, Lichtquelle, verwendete Symbole, Anwendung der Perspektive, Zuordnung der Gegenstände/Personen, Hervorhebungen durch die Farbverwendung, Kleidung der Personen …

Als „Stützen der Gesellschaft" fungieren typisierte Repräsentanten der staatstragenden Hierarchien: der gehörlose (die Ohren sind nur angedeutet) *Jurist* mit Schmiss und Monokel. Demnach handelt es sich um einen „Alten Herren" mit Vatermörder, Bierseidel und Florett, als Korpsbruder einer schlagenden Verbindung charakterisiert, am Schlipskragen ein Hakenkreuz, die

George Grosz, „Stützen der Gesellschaft“, 1926. Öl auf Leinwand; 200 × 108 cm

Foto: Jörg P. Anders, Berlin. Bildarchiv Preußischer Kulturbesitz

Schädeldecke aufgesägt, als Kavallerieoffizier des Ersten Weltkrieges ein unverbesserlicher „Ostlandreiter".

Der *Journalist* mit den Zügen des Pressezaren Alfred Hugenberg (später Mitinitiator der „Harzburger Front"), mit dem Nachttopf auf dem Kopf als Zeichen beschränkter geistiger Haftung, halb versteckt hinter dem friedfertigen Palmwedel, mit dem Grün der Hoffnung und ein wenig rot angemalt, den „Berliner Lokalanzeiger" und das „8 Uhr Abendblatt" unter dem Arm.

Der sozialdemokratische *Parlamentarier,* der sich auf den Reichstag stützt, Opportunist, der mit deutschnationalem Fähnchen (Farben des Kaiserreichs) und mit der demagogischen Parole „Sozialismus ist Arbeit" die Kacke (nur kein Streik!) am Dampfen hält.

Der versoffene *Militärseelsorger* vertritt die Generalität, er predigt scheinheilig Frieden und duldet hinter seinem Rücken Mord und Totschlag durch die monarchistische Reichswehr, „Stahlhelm" und „Wehrwolf". Weiter hinten brennen schon die Häuser (Jahre später die Synagogen!).

2. Warum macht der Künstler zu diesem Zeitpunkt diese Aussagen in dieser Form?

Während Stresemanns Stabilisierungspolitik der zwanziger Jahre mit einer Periode *trügerischer wirt-*

schaftlicher und politischer Ruhe zusammenfiel, sieht Grosz, als kommunistischer Künstler, seine Aufgabe verstärkt darin, Kritik an der Weimarer Republik zu üben. Im vorliegenden Gemälde aus dem Jahr 1926 wendet er sich gegen die „tragenden Säulen“ der Republik.

3. Was ist eventuell neu an diesem Kunstwerk?

Grosz bemühte sich gerade in dieser Zeit mehr und mehr um einen *künstlerischen Realismus*, den man später als „Neue Sachlichkeit“ bezeichnete.

4. Warum ist das Bild für seine Zeit repräsentativ?

Grosz benutzt in seinem Bild Metaphern für die Republik, um die „Dummheit und willkürliche Brutalität der Machthaber“ darzustellen: den *Nachttopf* auf dem Kopf des spießbürgerlichen Journalisten, den *dampfenden Dung* im Kopf des Parlamentariers, das *Duellschwert* und die *Schmisse* des Nationalisten. Damit hält er Deutschland einen Spiegel vor, der das wirkliche Gesicht dieser Zeit darstellt. *Tucholsky*, dessen politische Ansichten Grosz’ Werken entsprachen, meinte dazu: „Und ich weiß Keinen, der das moderne Gesicht des Machthabenden so bis zum letzten Rotweinäderchen erfaßt hat.“[1]

---

1 (vgl. Peter-Klaus Schuster [Hrsg.]: George Grosz. Berlin – New York. Berlin ^{2}1995, S. 176 – 179 und S. 347 f [Katalog zur Ausstellung])

2. Zahlentabellen / Statistiken als historische Quellen

Allgemeines

Anhand der ausgewählten Tabelle soll eine exemplarische Einführung in das Lesen und Auswerten von Tabellen vorgenommen werden.
Dabei sollten Sie bedenken, dass Tabellen durchaus manipulativ eingesetzt werden können und dass Zahlen nicht immer objektiv sind.

Beispiel

Wirtschaftsdaten 1928 – 1934 in Deutschland

	1 Arbeitslosigkeit in %	2 Index der Industrie-produktion	3 Bruttoverdienst der Arbeiter/ pro Woche	4 Preisindex für Lebens-haltung
1928	6,3	100	100	100
1929	6,5	100	102	102
1930	14	87	97	95
1931	21,9	70	94	86
1932	29,9	58	86	76
1933	25,9	66	91	74
1934	13,5	83	95	77

(Aus: Hey, B. u. a., Historisch-Politische Weltkunde, Weimarer Republik und Nationalsozialismus, Demokratie und Diktatur in Deutschland 1918 – 1945, Stuttgart 1992, S. 99 [gekürzt])

Anleitung für das Lesen von Statistiken

1. **Tabellenüberschrift** (Um welches Thema geht es?)	Es geht um die Entwicklung der Wirtschaft in Deutschland von den „Goldenen Zwanzigern“ über die Weltwirtschaftskrise bis ein Jahr nach der Machtergreifung.
2. Sorgfältiges Lesen von **Kopfnoten, Fußnoten, Anmerkungen**	Die einzelnen Spalten enthalten unterschiedliche Zahlenangaben: in Spalte 1 handelt es sich um Prozentzahlen; die Spalten 2–4 wiederum arbeiten mit Indexzahlen. Indexzahlen geben Auskunft über Veränderungen im Verhältnis zu einem bestimmten Basisjahr, in diesem Fall zum Jahr 1928, dem letzten „normalen“ Jahr vor der Weltwirtschaftskrise. Die Angaben in der Tabelle verändern sich im Jahresrhythmus.
3. Lesen der **Quellenangaben** (Frage nach der Glaubwürdigkeit / Verlässlichkeit der Zahlen)	Was die Verlässlichkeit der Zahlen angeht, so kann nur spekuliert werden. Bei der angegebenen Quelle handelt es sich um eine Abhandlung zur Weimarer Republik und dem Nationalsozialismus.
4. Achten auf **innere Beziehungen zwischen den einzelnen Tabellendaten**	Die innere Beziehung der einzelnen Tabellendaten (Spalte 1–4) wird erkennbar. Steigt die Arbeitslosigkeit an, so hat das Auswirkungen auf Produktion und Einkommen. Steigt/Fällt die Produktion, so hat dies Auswirkungen auf den Beschäftigungsstand.

5. Lassen sich **Trends/Änderungen/Abweichungen** erkennen? Worin könnten ihre **Ursachen** liegen?	In allen Spalten sind (parallele) Trends ablesbar: Die Jahre 1928/29 sind durch eine gewisse Stabilität ausgewiesen und dienen deshalb als Basisjahre für die weitere Entwicklung. Ab 1930 steigt die Arbeitslosigkeit, während Industrieproduktion, Verdienste und Preise fallen. Die Umkehr erfolgt bei den Arbeitslosenzahlen, der Industrieproduktion und bei den Verdiensten von 1932 auf 1933. Offensichtlich greifen die Arbeitsbeschaffungsmaßnahmen der Nazis recht unmittelbar. Interessant in diesem Zusammenhang wäre die Berechnung der Entwicklungsdynamik der einzelnen Wirtschaftsindices. So erscheint die Entwicklung der Industrieproduktion in ihrem Verlauf dramatischer als die der anderen Indices (s. Grafik). Obwohl die Preise nachlassen, hat dies keine nachhaltige Wirkung auf Produktion und Verdienste. Ein Trend ist nur bedingt festzustellen, weil es um einen relativ kurzen Zeitraum geht.
6. **Zeichnerische Übertragung** der Daten in entsprechende Darstellungsformen (Kreisdiagramme, Kurven, Säulen etc.)	s. Grafik. In der Grafik fehlt die Entwicklung der Arbeitslosigkeit. Dies erklärt sich dadurch, dass die Werte, nämlich Prozent- bzw. absolute Zahlen, nicht mit Indexzahlen zusammengefügt werden können. Man müss-

te daher die entsprechenden Zahlen erst auf einen Index zurückrechnen, um sie vergleichbar zu machen. Als Lösung ergäbe sich eine separate Darstellung der Arbeitslosigkeit.

7. Bleiben offene Fragen?

Offen bleibt die Frage, mit welchen Mitteln es den Nationalsozialisten gelungen ist, eine Umkehrung der Entwicklung zu erreichen. Interessant wäre auch ein Vergleich mit den USA als einem nichttotalitären Staat, um eventuelle Unterschiede oder Ähnlichkeiten festzustellen. Nicht erwähnt wird auch die Finanzsituation des Staates (Verschuldung), die über die langfristige Entwicklung Auskunft geben könnte.

Grafische Darstellung

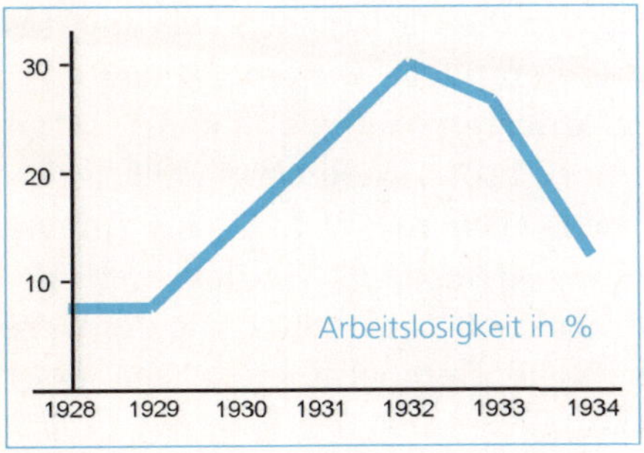

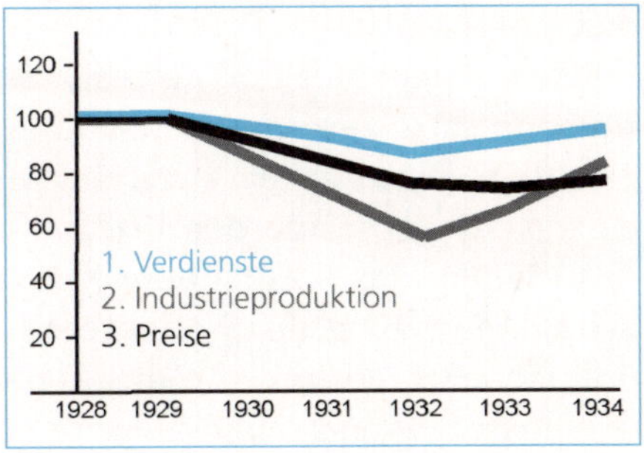

D Musterlösungen zu den Arbeitsaufträgen

A Die Weimarer Republik

3. Vom Kaiserreich zur Republik

T 1 / 1.

Der zeitgenössische Text, unter dem Pseudonym „Einhart", dem Biographen Karls des Großen, verfasst, greift die Dolchstoßlegende auf: nicht das Heer sei schuld am verlorenen Krieg, sondern die „Novemberrevolution" in der Heimat. Sie zerschlug das Kaisertum, vergiftete den Geist im Lande und ist für die furchtbarste Niederlage Deutschlands verantwortlich zu machen. Das Kaiserreich wurde durch „Hochverrat" wehrlos, nicht durch eigenes Verschulden!

T 1 / 2.

Zum Zeitpunkt der Revolution im November 1918 war der Krieg für das Kaiserreich verloren. Die OHL hatte in Ermangelung einer realistischen militärischen Alternative bereits den sofortigen Waffenstillstand gefordert und damit die militärische Niederlage eingestanden (→ Stichwort „OHL" in den Sachinformationen). In Erfüllung einer Friedensbedingung des amerikanischen Präsidenten Wilson war die Parlamentarisierung des Reiches eingeleitet und eine Zivilregierung etabliert worden. Diese Regierung musste den von den Militärs geforderten Waffenstillstand unterzeichnen. Die zitierte „Novemberrevolution" muss als Reaktion auf die Ereignisse gegen Ende des Krieges gesehen werden und nicht als Anfang des Endes des deutschen Kaiserreiches. Allerdings erwies sich die Schuldzuweisung des Verfassers in der Zukunft tatsächlich als schwere politische Hypothek für die neue deutsche Demokratie (→ Stichwort „Dolchstoßlegende" in den Sachinformationen).

T 1 / 3.

Auf Druck des amerikanischen Präsidenten Wilson, Waffenstillstands- bzw. Friedensverhandlungen nur mit demokratisch gewählten Vertretern zu führen, war das Kaiserreich gezwungen, die Demokratisierung einzuleiten und die politische Verantwortung wieder auf das Parlament zu übertragen. Gleichzeitig erkannte die militärische Führung die Unmöglichkeit einer siegreichen Beendigung des Krieges und forderte von den Politikern in der Heimat den Abschluss eines Waffenstillstandes. Dies ermöglichte den verantwortlichen Eliten des Kaiserreichs, die Schuld an der Niederlage bequem auf einen Sündenbock und dabei v. a. auf die SPD abzuladen, jene Partei, die bereitwillig die alliierten Forderungen nach dem Sturz des Kaisertums erfüllt hatte und in der Novemberrevolution die Verantwortung für die Errichtung der Republik übernahm.
Die „Dolchstoßlegende" vergiftete nachhaltig das politische Klima Weimars und bot v. a. der Hitlerschen Propaganda die Chance, die verantwortlichen Politiker der entstehenden Republik pauschal als „Novemberverbrecher" zu diffamieren und damit auch die Akzeptanz der Regierungsform zu schmälern.

T 2 / 1.

Das Plakat erschien wahrscheinlich im Januar 1919 noch vor dem Zusammentritt der Nationalversammlung in Weimar. In den einleitenden Sätzen wird der „Weihnachtsabend" genannt. Der Anlass für das Plakat ist demnach im Zeitraum zwischen der Ausrufung der Republik durch Scheidemann (9. 11.) und dem Beschluss des Reichs-Räte-Kongresses, eine Nationalversammlung einzuberufen (20. 12.), zu finden.

T 2 / 2.

Urheber des Aufrufes sind die Vertreter derjenigen politischen Richtung um Ebert, Scheidemann und die SPD, die sich für die Errichtung einer parlamentarischen Demokratie in Deutschland ausgesprochen haben. Hintergrund sind dabei sicherlich die politischen Ausschreitungen, die sich in Straßenkämpfen Luft machten.
Die Stoßrichtung der Aussagen des Plakates geht in Richtung „Spartakus" und andere kommunistische Splittergruppen, die in Deutschland einen sozialistischen Umsturz und die Etablierung einer Räterepublik forderten.

T 2 / 3.

Die politische Alternative zu Kriegsende hieß „parlamentarische Demokratie" oder „Räterepublik", wie sie in der Ausrufung beider „Republiken" durch Scheidemann (SPD) und Liebknecht (Spartakus) am 9. November 1918 deutlich wurde.
Nachdem sich Ebert hinsichtlich der Wahl einer verfassunggebenden Nationalversammlung im „Rat der Volksbeauftragten" durchgesetzt hatte, entlud sich das politische Klima in Straßenkämpfen und Terrorakten. Der „Spartakusaufstand" sollte die Errichtung einer parlamentarischen Demokratie gewaltsam revidieren und durch die Etablierung des Sowjetmodells ersetzen. Einen Höhepunkt erreichten die Auseinandersetzungen mit der Ermordung Rosa Luxemburgs und Karl Liebknechts durch Freikorpssoldaten.

4. Der Versailler Vertrag

1.

Das zum Tode verurteilte, personifizierte Deutsche Reich steht vor seinen Henkern (v. l. n. r.) Wilson (USA), Clemenceau (F) und Lloyd George (GB). Der Verurteilte steht vor einer aussichtslosen Alternative, deren Konsequenzen er sich nicht entziehen kann. Mit den auszuleerenden Taschen erinnert der Zeichner an die Reparationsbestimmungen des Versailler Vertrags.

2.

Die Zeichnung hebt auf die 14 Punkte Wilsons ab, welche die Basis einer neuen Weltfriedensordnung darstellen sollten. Einer der Punkte, an den Deutschland die Hoffnung auf einen gerechten und fairen Frieden geknüpft hatte, war das „Selbstbestimmungsrecht der Völker". Das geschlagene Reich glaubte dadurch auch nach dem Krieg seine politische Autonomie und territoriale Unversehrtheit bewahren zu können.
Ebert weist in seiner Rede ebenfalls auf ein weiteres friedenserhaltendes Instrument Wilsons hin, auf den Völkerbund. Ein Beitritt Deutschlands könnte neue internationale Achtung verschaffen und Deutschland aus seiner Isolation (Alleinschuld-Artikel) herausholen.

Der Zeichner karikiert die Tatsache, dass für Deutschland das Selbstbestimmungsrecht nicht gilt und es sich in seinen daran geknüpften Hoffnungen getäuscht sehen muss: Den Siegern geht es um die Vernichtung Deutschlands. Nicht zuletzt in dem Glauben an die Gültigkeit der 14 Punkte sind die deutschen Politiker nach Versailles gereist. Ebert fordert energisch ihre Einlösung.

3.

- Überzogene Reaktionen v. a. der politischen Rechten auf den „Diktatfrieden" („eine Frage der Ehre" und des nationalen Selbstbewusstseins) belasteten nachhaltig die diplomatischen Bemühungen um eine realistische Revisionspolitik.
- „Kriegsschuldartikel", „Schmachfrieden": löste große Empörung in der deutschen nationalen Öffentlichkeit aus. Für diesen „Verrat an der Nation" wurde die junge Demokratie und v. a. die Sozialdemokratie verantwortlich gemacht.
- „Reparationsfrage": Hinsichtlich der Behandlung dieser Frage wurden zwei Optionen politisch diskutiert: einmal die buchstabengetreue Erfüllung des Vertrags, um mittelfristig Erleichterungen erzielen zu können; zum anderen Ablehnung jeglicher Entschädigungen („Revision von Versailles"). Den rechten Gruppierungen diente die Reparationsfrage zur Diffamierung der politischen Gegner als „Erfüllungspolitiker" und zum Kampf gegen die Republik, der man ohnehin die Schuld an der Niederlage gab.
- Die Last des verlorenen Krieges, die nationale Bedrückung und wirtschaftliches Elend („Inflation") nahmen der ersten deutschen Demokratie die Chance, sich ihren Bürgern als erstrebenswerte Staatsform zu präsentieren.

5. Krisenjahre 1920 – 1923

T 1 / 1.

Der schwerste Verlust im Gefolge der Inflation ist die Proletarisierung der bisher staatstragenden Mittelschicht und ihre Abkehr von diesem Staat, der sie um ihr Vermögen gebracht hat!

T 1 / 2.

Der Weg in die Inflation hatte schon im Krieg begonnen, da das Reich seine Kriegskosten durch ungedeckte Kredite und Kriegsanleihen finanzierte. Hohe Kriegsfolgekosten, Reparationszahlungen, die französische Ruhrbesetzung (Rückgang der Kohleförderung) und der Ausfall von Steuern und Zöllen beschleunigten den Wertverlust der Mark, da die staatlichen Haushaltsdefizite durch Betätigung der Notenpresse „ausgeglichen" wurden. 1923 trat Deutschland in die Phase der Hochinflation ein, in der Gehaltszahlungen sofort in Waren umgesetzt werden mussten, da das Geld innerhalb weniger Stunden nichts mehr wert war. Leidtragende waren besonders die Schichten ohne Besitz oder nur mit Geldersparnissen (Rentner, Beamte, Angestellte). Sachwertbesitzer erlitten kaum Verluste. Als Gewinner konnten sich Börsenspekulanten und Industrielle freuen, da sie mit Krediten Sachwerte schufen und infolge der raschen Geldentwertung die Kredite leicht zurückzahlen konnten.
Die Inflation verursachte letztlich eine Verarmung eines großen Teils des Mittelstandes und seine Abkehr von der Demokratie. Im weiteren Verlauf der Weimarer Republik waren es gerade diese Schichten, die dem neuen Staat (dem „System") die Schuld an ihrer persönlichen Situation gaben und die Klientel der rechten nationalen Parteien wurden.

T 2 / 1.

Hitlerputsch 1923; die erwähnte Abqualifizierung der SPD-Politiker der Nachkriegszeit als „Novemberverbrecher" macht zumindest die Urheber des Plakates deutlich. Als Verantwortliche zeichnen u. a. Hitler und Ludendorff, der während des Krieges die Leitung der OHL innehatte. Drei der vier Unterzeichner sind Offiziere. Deutlich wird das Bündnis Hitlers mit konservativen, die Republik ablehnenden, militärischen Kreisen.

T 2 / 2.

Polemisches Schlagwort, das sich gegen die Unterzeichner des Versailler Vertrags richtete, aber auch gleichzeitig die Weimarer Republik („Novemberrevolution") treffen sollte. Es wurde v. a. gegen führende Politiker der jungen Demokratie (Ebert, Rathenau, Erzberger) angewandt und warf ihnen vor, das deutsche Volk an die Alliierten verraten zu haben (Kapitel A 3). Verwendung fand dieser Begriff bei den rechtsgerichteten Republikgegnern (z. B. Freikorps, Deutschnationale, völkische Gruppen).

T 2 / 3.

- Putsche/Aufstände von links und rechts, z. B. in Hamburg, in Bayern
- Loslösungsbestrebungen einzelner Reichsländer wie Thüringen / Sachsen / Rheinland
- politische Morde gegen „Erfüllungspolitiker“
- Ruhrkampf als passiver Widerstand gegen die Besetzung des Ruhrgebietes durch Franzosen und Belgier
- Inflation

6. Die Weimarer Verfassung

T 1 / 1.

Das Plakat erhebt den Reichspräsidenten über den Reichstag. Eine emotional geführte Debatte bildet das Gegenbild zur Ruhe ausstrahlenden Gestik Hindenburgs. Unterschwellig arbeitet das Plakat mit der Gegenüberstellung von „Chaos“ und „Ordnung“. Hier die Demokratie, gebeutelt von unzähligen, fruchtlosen Konflikten, dort die autoritäre Staatsform als Garantin von Sicherheit und Ordnung, verkörpert durch einen ihrer besten Vertreter, den Weltkriegshelden Hindenburg. Die DNVP bietet ihrer Klientel damit ein verheißungsvolles Gegenbild zur ungeliebten Republik und artikuliert damit das Unbehagen bzw. die weitgehende Ablehnung der Demokratie augenfällig.

T 1 / 2.

Die DNVP hatte 1925 wesentlichen Anteil an der Wahl Hindenburgs zum Reichspräsidenten. Er war gegenüber dem parlamentarischen System eher misstrauisch und verfolgte, weil die Mehrheitsbildung im Parlament immer seltener gelang, den Gedanken der Bildung von Präsidialkabinetten auf Basis des Artikels 48. Die DNVP unterstützte – wie das Plakat zeigt – Tendenzen in diese Richtung. In Artikel 54 war das Instrument der Vertrauensfrage geregelt (→ Sachinformationen). Dies war für die DNVP gleichbedeutend mit der „Alleinherrschaft der Parlamente“. Als „Vaterfigur“ erscheint Hindenburg auf dem Plakat ruhig und achtunggebietend über den streitenden Parlamentariern.

T 2 / 1.

- Fehlen einer demokratiewilligen Führung: z. B. die Tolerierungspolitik der SPD gegenüber der Brüningschen Notverordnungspolitik; die quasi „Selbstauflösung des Reichstags" und die Präsidialkabinette seit 1930.
- Totale Meinungszersplitterung in der Bevölkerung: Das Weimarer Parteiensystem war geprägt durch den Typus der Interessenparteien, in dem die äußerste Linke und Rechte das System ablehnten. Letztlich liegen die Ursachen dieser strukturellen Schwäche des politischen Systems Weimars in der Vielzahl gesellschaftlicher Spannungen und Interessen, die eine systemstabilisierende Konsensbildung in der Bevölkerung und unter den Parteien stark behinderte, gegen Ende der Republik gar unmöglich machte.
- Ungehinderte Parteibildung: Die Weimarer Verfassung sah – im Gegensatz zur „streitbaren" Demokratie des Bonner Grundgesetzes – ein Verbot demokratiegefährdender Parteien nicht vor. Die fehlende Fünf-Prozent-Klausel begünstigte eine Interessenvielfalt im beschlussunfähigen Reichstag (schwankende Kabinette). Die Vertretung auch kleinster Splitterparteien im Parlament führte zu häufig wechselnden Koalitionen mit labilen Mehrheiten, was eine kontinuierliche Kabinettstätigkeit erschwerte und letztlich unmöglich machte. Die einzige stabile Institution schien der Reichspräsident zu sein. Dies führte gegen Ende der Republik zu einer
- Verlagerung des Schwergewichts der Verfassungsinstitutionen auf den Präsidenten. Das nicht im Sinne der Verfassung ausgeübte Präsidentenamt ermöglichte die legale Verkehrung der demokratischen Verfassung: Die Anwendung und Interpretation des Notstandsartikels 48 war stark an die Person des jeweiligen Amtsinhabers gekoppelt. Einer Einflussnahme durch „Advokatenschläue" war jegliche Möglichkeit eröffnet.

T 2 / 2.

Dem Reichspräsidenten war in der Weimarer Verfassung eine übergeordnete, „über den Parteien stehende" Stellung verliehen worden. Der Bedeutung des Amtes entsprachen die Amtszeit von sieben Jahren und die direkte Volkswahl. Machtvollstes Instrument in Händen des Präsidenten war der Artikel 48, der im Falle einer erheblichen Gefährdung der öffentlichen Sicherheit und Ordnung sozusagen überparteilich zur Anwendung kommen

sollte. Im Falle des Staatsnotstandes konnte der Präsident vorübergehend Grundrechte außer Kraft setzen.
Solange der Präsident, wie Ebert, ein zuverlässiger Demokrat war, konnte in Krisenzeiten das Notverordnungsrecht dem Schutz der Republik dienen. Hindenburg, seiner eigenen Einschätzung nach eher Monarchist als Republikaner, war jedoch kein Garant für die Handhabung des Artikels 48 im Sinne der Demokratie. Zwar konnten die Notverordnungen auf Verlangen des Reichstages aufgehoben werden, gemäß Artikel 25 hatte der Reichspräsident jedoch das Recht, den Reichstag aufzulösen. Er besaß somit die Möglichkeit, seine Notverordnungen dennoch durchzusetzen. Seit 1930 wurde die Anwendung dieser Artikel zur ausschließlichen Geschäftsgrundlage der allein vom Vertrauen Hindenburgs und nicht des Reichstags abhängigen Regierungen Brüning, von Papen, Schleicher und beschleunigte das Ende der Republik.

7. Das Parteiensystem

T 1 / 1.

(v. l. n. r.) Kleriker, Baron, Soldat, Arbeiter, Bauer, Industrieller, Intellektueller, Nazi. Die Karikatur macht deutlich, dass die Republik von verschiedenen Personen, die jeweils für bestimmte Interessen stehen, im wörtlichen Sinne getragen wird. Sollte allerdings eine dieser Personen aus dem Verband ausscheren, so fiele ein Buchstabe aus, das Wort „Republik“ wäre nicht lesbar und gäbe keinen Sinn mehr. Wäre allerdings die Schrift „Republik“ auf ein einziges, großes Schild gemalt, so könnte der Ausfall eines Trägers leichter verschmerzt werden, der Begriff gäbe immer noch Sinn.
Die Abbildung karikiert das Parteiensystem, die nur durch einen kurzzeitigen Konsens zusammengehaltene Interessenvielfalt in der Bevölkerung und weist auf die Gefahr hin, dass niemand von ihnen überzeugt die Republik trägt. Die Überschrift weist darauf hin, dass sich viele nur nach außen hin zu der Republik bekennen, innerlich aber nicht zu ihr stehen.

T 1 / 2.

Der vorherrschende Parteityp der Weimarer Republik war die Interessenpartei. Das reine Verhältniswahlrecht und die nicht vorgesehene Fünf-Prozent-Klausel führten dazu, dass zahlreiche Splitterparteien im Reichstag vertreten und regierungsfähige Mehrheiten nur mühsam zu erzielen waren. Hinzu kam, dass aufgrund der fehlenden Rechtsmittel, radikale Parteien zu verbieten, bestimmte Koalitionsmöglichkeiten von vornherein ausgeschlossen waren. Letztendlich gerieten die staatstragenden Parteien zunehmend in die Minderheit.

T 2 / 1.

Alles Elend, das Deutschland widerfahren ist, kommt von den Parteien. Folglich hat sich der einzelne Bürger von den Parteien distanziert. Aber dennoch sind die Parteien geblieben. Der Zugang zum politischen Leben ist ausschließlich über eine Partei möglich. Selbst wenn jemand dem System (hier der Demokratie) gegenüber feindlich eingestellt ist, muss er sich trotzdem eines Instruments der Demokratie, der Partei, bedienen, auch wenn er das System selbst ablehnt! So kommt es, dass die Parlamente nicht die Orte der Tat, sondern Orte des Sprechens sind.

T 2 / 2.

Dem Autor, der politischen Rechten zugehörig, geht es in der politischen Arbeit um das „Ganze". Verursacher des politischen Elends, das letztlich durch den verlorenen Weltkrieg über Deutschland hereinbrach, sind auch die Parteien, d. h. der Pluralismus. Es kommt in der gegenwärtigen Situation darauf an, die Kräfte zu bündeln und alle Gleichdenkenden auf eine politische Richtung hin zusammenzufassen. Es geht ihm nicht um eine auf Diskussion basierende Konsensbildung, sondern er setzt angesichts des „Elends" einen gemeinsamen Willen als gegeben voraus. Durch die Existenz von Parteien wird dieser Wille unerkennbar gemacht und zerredet.

8. Die Außenpolitik

1.

Stresemann schrieb seinen Brief vor den entscheidenden Verhandlungen von Locarno im Oktober 1925 (→ Chronologie).
Das Plakat der DNVP ist als direkte Reaktion auf den Vertrag von Locarno anzusehen. Stresemanns Worte vom „Silberstreif am Horizont", der mit Locarno sichtbar geworden sei, wird demagogisch umgedeutet: Die DNVP malt ein Schreckgespenst in Gestalt eines „barbarischen Kriegers" an die Wand.

2.

Laut Stresemann steht die deutsche Außenpolitik vor drei Aufgaben:
a) der Lösung der Reparationsfrage als Voraussetzung für die Wiedererstarkung Deutschlands,
b) dem Schutz der Auslandsdeutschen, die in ehemals deutschen Gebieten leben, und
c) der Korrektur der Ostgrenzen.
Strategisch soll diese Zielsetzung durch den Beitritt zum Völkerbund erreicht werden. Dieser Beitritt und das Fehlen einer starken Wehrmacht machten mögliche Entscheidungen für ein Bündnis mit England oder Russland hinfällig. Vor einem „Kokettieren" mit dem Bolschewismus warnt er eindringlich.
Letztlich muss bis zum Ende der Besetzung Deutschlands (hier des Rheinlandes) vor großen Entscheidungen zurückgewichen werden, um diese Zielsetzung nicht zu gefährden und alle Möglichkeiten offen zu halten.

3.

Die Strategie Stresemanns stieß bei der Rechten auf heftige Ablehnung. Vorwürfe wie der „Ausverkauf deutscher Interessen" (im Zusammenhang mit dem Vertragsabschluss von Locarno), „Verrat", „Verzichtpolitik" (DNVP) wurden lautstark erhoben. Selbst seine eigene Partei, die DVP, war nicht immer bereit ihm zu folgen. Die zu einseitige Bindung an den Westen (Frankreich) und dadurch die Vernachlässigung der Revision der Ostgrenze waren weitere Anwürfe gegen Stresemanns außenpolitischen Kurs. Exemplarisch steht hierfür die groß angelegte politische Offensive gegen den Young-Plan, in der die Rechte (DNVP, „Stahlhelm" und NSDAP) mit propagandistischen Mitteln dem Plan „Versklavung des deutschen Volkes“ und „Fron bis in die nächsten Generationen“ unterstellte. Ein gutes Beispiel für die politische Gangart während dieser Hetzkampagne stellt das Plakat der DNVP dar.

9. Die Weltwirtschaftskrise

1.

Die Entwicklung der Arbeitslosigkeit verläuft bis Mitte 1932 in beiden Ländern nahezu parallel, wobei auffällt, dass Deutschland auf einem höheren Stand beginnt. Nach 1933 entwickeln sich die Kurven unterschiedlich. Während die Arbeitslosigkeit in Deutschland rapide abnimmt, bewegt sie sich in den USA weiterhin bis über 1933 hinaus auf hohem Niveau, um sogar ab 1936 bis 1938 einen weiteren Anstieg zu verzeichnen.

2.

Roosevelt: Setzt ganz im Sinne amerikanischer Wirtschaftstradition grundsätzlich auf die Privatinitiative. Allerdings sind staatliche Eingriffe in den Markt dann notwendig, wenn die Privatinitiative nicht ausreicht. Wenn die Regierung die Funktion des Regulierens nur in Ausnahmefällen übernimmt, so kann im Umkehrschluss davon ausgegangen werden, dass sich die Wirtschaft, d. h. der Markt, bisher immer hat selbst helfen können und Amerika damit erfolgreich war.

Brüning: Für Brüning sind – wohl aufgrund der Erfahrungen von 1923 – inflatorische Maßnahmen kein Thema. Er möchte die Solidität deutschen Wirtschaftens unter Beweis stellen, indem er die (Handels-)Bilanz – wenn auch unter Schmerzen – auszugleichen versucht. In erster Linie sieht Brüning in der Koppelung von Wirtschafts- und Außenpolitik und der Wiedererlangung deutscher wirtschaftlicher Glaubwürdigkeit ein Instrument, die Reparationsfrage in der Öffentlichkeit „der ganzen Welt“ neu verhandeln zu können.

3.
New Deal (Roosevelt): → Sachinformationen
Deflationspolitik (Brüning): → Sachinformationen

4.
Brüning war es zumindest während seiner Regierungszeit nicht gelungen, die Arbeitslosigkeit abzubauen, sie nahm bis 1932 sogar noch zu.
Eine deutliche Hinwendung zu extremen Parteien mit einfachen Erklärungen und Versprechungen war seit Beginn der Krise festzustellen und führte zu erheblichen Wählerwanderungen. Eine zunehmende innenpolitische Radikalisierung war die Folge. Der „Kampf“ von rechts gegen die Republik findet seinen Höhepunkt in der Aktionsgemeinschaft der Harzburger Front.

B Der Nationalsozialismus

2. Aufstieg und Weltanschauung der NSDAP

1.

a) Die Juden sind die Feinde Deutschlands
b) Das Leben ist Kampf
c) Führertum als Prinzip
d) Lebensraum (Politik) im Osten

2.

Das Interesse des Juden liegt in der Zerstörung Deutschlands, deshalb ist er zu vernichten. Der Lebenskampf ist ein Natur- und Gottesgesetz; Raum und Rasse gehören zusammen; hat ein Volk keinen Raum, ist es unfrei. Raum für die deutsche Rasse aber gibt es nur im Osten.

3.

Die Rassen-Ideologie des Nationalsozialismus (NS) besaß in erster Linie eine integrative Funktion. Sie verschmolz alle Gegner – Marxismus/Bolschewismus und internationales Finanzkapital – zu einem einzigen Feindbild, dem Weltjudentum. Dadurch wurde einerseits die Furcht vor der Revolution aktiviert, andererseits wurden soziale Ressentiments gegenüber privilegierten Schichten zumindest äußerlich überdeckt. Die Ideologie half zugleich, soziale Gegensätze innerhalb der deutschen Bevölkerung zu überspielen, indem sich alle als Angehörige der einen, arischen Herrenrasse fühlen konnten. Letztlich laufen alle oben genannten Inhalte auf die Schaffung einer verschworenen, in einem Führer gipfelnden Gemeinschaft hinaus.

4.

Allgemein gesehen ergibt sich bei der Mitgliedschaft der NSDAP eine starke Überrepräsentation der Mittelschichten. Dabei sind die „Selbständigen in Handel und Verkehr", d. h. die Einzelhändler, am stärksten überrepräsentiert. Direkt dahinter folgen die Landwirte.
Erheblich unterrepräsentiert sind die Arbeiter, ebenso Frauen, die aber sicherlich in allen Parteien eher in den Hintergrund gedrängt wurden. Obwohl sich die NSDAP eine „Arbeiterpartei" nannte, war der Arbeiteranteil

an den NSDAP-Mitgliedern sehr niedrig und steht im Kontrast zum hohen Anteil der Mittelschichten.

3. Machtergreifung und Gleichschaltung

T 1 / 1.
Es fällt die militaristische Sprache auf, mit der die „Prinzipien" der Demokratie von Hitler beschrieben werden. Die Verfassung, wie sie im Moment besteht, zwingt Hitler und seine Partei, noch „demokratisch" vorzugehen, obwohl die parlamentarische Demokratie in totalem Widerspruch zu Hitlers Auffassung von Herrschaft steht. Demokratie erfordert (noch) Mehrheiten. Dieser Tatsache trägt Hitler Rechnung, lässt aber seine Zuhörer nicht im Unklaren darüber, dass er die Mehrheit nur dazu verwenden will, um die Demokratie (legal?) aus den Angeln zu heben. Der Sieg, den die NSDAP errungen hat, wird sie in ihrem Kampf gegen die Demokratie und für die „Befreiung" Deutschlands nutzen.

T 1 / 2.
Im strengen, verfassungsmäßig vorgegebenen Rahmen war die Machtergreifung mithilfe des Ermächtigungsgesetzes legal. Legitim war sie sicherlich nicht, da sie dem Geist der Verfassungsordnung nicht entsprach, sondern – gemäß den Ausführungen Hitlers – lediglich dazu diente, die Demokratie auszuhebeln und sie nicht zu stützen oder zu bewahren.

T 2 / 1.
Das Ermächtigungsgesetz hob die klassische Gewaltenteilung auf und etablierte die Diktatur.

T 2 / 2.
Das Ermächtigungsgesetz wurde somit zur rechtlichen Grundlage für alle nachfolgenden „Gesetze" der Gleichschaltung bzw. des nationalsozialistischen Regimes überhaupt. Es gab allen Verordnungen und Befehlen einen legalistischen Anstrich. Hitler hatte seine Ankündigung (T 1) wahr gemacht.

4. Mobilisierung der Gesellschaft

T 1 / 1.

Der „Tag von Potsdam" ist eine von Goebbels groß angelegten Inszenierungen, durch die weite Bevölkerungsteile für die nationalsozialistischen Machthaber gewonnen werden sollten. Mit einem „Flaggenmeer" und Aufmärschen wurde auch der Verfasser dieses Tagebuchs in den Bann gezogen. Die Rede Hitlers überzeugte durch ihren moderaten Ton. Es fehlten die Hasstiraden und Drohungen. Stattdessen spricht er von der „großen Tradition" des Volkes und verspricht eine stabile Regierung. Und damit genau das, was sich die Mehrheit der Bevölkerung nach den Jahren wechselnder Regierungen („ewiges Schwanken") sehnlichst herbeiwünschte. Hitler hat mit seiner Rede die Menschen emotional genau getroffen, von Tränen ist die Rede und tiefer Betroffenheit. Der Schreiber des Tagebuchs erliegt auch dieser Faszination, obwohl er kein glühender Anhänger der Nazis zu sein scheint.

T 1 / 2.

Der nicht beschriebene und wohl bewusst nur mit M. bezeichnete Mann fällt auf diese Inszenierung nicht herein. Er sieht in allem nur ein „abgekartetes Theater". Seine Mahnung scheint fast prophetisch zu sein. Die Einlieferungszahlen für das KZ in Dachau zeigen, dass bereits 1933 viele Tausend Menschen interniert wurden. Dies setzte sich in den folgenden Jahren fort. Die Kehrseite der Begeisterung war der Umgang mit Andersdenkenden und Oppositionellen; hier zeigte der Nationalsozialismus sein wahres Gesicht. Auch wenn M. von dem KZ vielleicht nichts gewusst hat, so belegt die Tabelle dennoch, dass er mit seinem Misstrauen Recht behalten sollte.

T 2 / 1.

Die hohen Einlieferungszahlen lassen sich folgendermaßen erklären:

- 1933: Unterdrückung der oppositionellen Linken (KPD und SPD) und der Intellektuellen (z. B. Karl v. Ossiezky) v. a. im Gefolge des Ermächtigungsgesetzes
- 1938/39: v. a. österreichische Oppositionelle wegen des Anschlusses Österreichs an das Deutsche Reich und Tschechen wegen des Münchner Abkommens

- 1940: Besetzung Polens
- 1944: Attentat auf Hitler, zunehmende Verschlechterung der Kriegslage

Mit zunehmender Härte und Dauer der Besatzungspolitik nahmen die Gefangenenzahlen aus den besetzten Gebieten erheblich zu.

T 2 / 2.

Neben der „Ausgrenzung" der Opposition stieß Hitler mit seinen Bemühungen um die Bildung einer „Volksgemeinschaft" durchaus auch auf eine breite Zustimmung, sich den Zielsetzungen des Nationalsozialismus zu unterwerfen. So konnte Hitler auch auf vordergründige „Leistungen" verweisen, die die vorhandene Skepsis in der Bevölkerung zu beeinflussen vermochte. Genannt seien hier nur die diversen Arbeitsbeschaffungsmaßnahmen und die außenpolitischen Anfangserfolge hinsichtlich einer Revision des Versailler Vertrags.

Daneben gab es eine Reihe von Einrichtungen, die die Integration der Bevölkerung in eine „Volksgemeinschaft" und die Identifizierung mit dem Regime fördern sollten:

- Staats-Jugendorganisationen wie Hitlerjugend (HJ) und Bund Deutscher Mädel (BDM)
- Solidaritätsveranstaltungen wie Winterhilfswerk (WHW) und Nationalsozialistische Volkswohlfahrt (NSV)
- propagandistische Massenveranstaltungen wie die jährlich stattfindenden Reichsparteitage
- Freizeitbemühungen wie die Kraft-durch-Freude(KdF)-Bewegung

Aber auch durch entsprechende Zwangsmaßnahmen wurde die gesellschaftliche Gleichschaltung und Ausrichtung verfolgt:

- Eingliederung in nationalsozialistische Berufsverbände (für Ärzte, Juristen, Beamte u. a.)
- allgemeine Wehrpflicht
- Terrormaßnahmen von Gestapo, Polizei und SS

5. Wirtschaftspolitik

1.

Wirtschaftliche Ziele:
- Primat der Wirtschaftspolitik liegt bei der Aufrüstung.
- Bestreben muss es sein, autark, d. h. von ausländischen Rohstoff- und Nahrungsmittelimporten unabhängig zu werden.
- Die deutsche Wirtschaft muss (innerhalb von vier Jahren) kriegsfähig sein.

Außenpolitische Ziele:
- Das Schicksal Deutschlands sind die „bolschewistischen Angriffe“, womit gleichzeitig der Hauptgegner benannt ist. Es ist deshalb notwendig, die deutsche Wehrmacht zur ersten Armee in der Welt zu machen.
- Überbevölkerung ist nur durch eine „Lebensraumpolitik“ zu lösen.

Hitler macht in seiner Denkschrift den engen Zusammenhang zwischen Außen- und Wirtschaftspolitik deutlich. Außerdem macht er deutlich, dass seine Politik auf militärische Eroberung ausgerichtet ist.

2.

Der Text spricht an:
- dirigistische Wirtschaftspolitik (Zitat: „... Es haben sich daher dieser Aufgabe alle anderen Wünsche bedingungslos unterzuordnen.“)
- die Mehr-Jahres-Pläne

Hinsichtlich der Methoden weist die Chronologie aus:
- Abschaffung der Autonomie der Tarifpartner (Auflösung der Gewerkschaften, Gründung der DAF)
- dirigistische Lohnpolitik durch staatliche Treuhänder
- staatliche „Konjunktur“-Programme (Reinhardt-Programme)
- Wirtschaftspläne
- staatlich verordneter Preis- und Lohnstopp
- Arbeitsverpflichtungen

6. Die Außenpolitik und der Weg in den Zweiten Weltkrieg

1.

Unmittelbar nach der Machtergreifung definiert Hitler seine Ziele unmissverständlich. Deutschland soll wieder eine Großmacht werden. Dazu ist es erst einmal notwendig, innenpolitische Weichen zu stellen:

- Pazifistische Betätigungen werden nicht geduldet.
- Das Lebensprinzip „Kampf" und damit der äußerste „Wehrwille" soll in den Köpfen v. a. der Jugendlichen verankert werden.
- Die außenpolitische Zielsetzung benötigt als Druckmittel eine starke Wehrmacht.

Konkret verfolgt Hitlers Außenpolitik

- die Revision des Versailler Vertrags
- die Eroberung neuen Lebensraumes im Osten
- die rücksichtslose „Germanisierung" der besetzten Gebiete

Die einzige Unbekannte in der Rechnung würde das Verhalten der Westmächte, besonders Frankreichs, während der Aufrüstungsphase sein.

2.

Zielstrebig hat Hitler seine außenpolitischen Vorstellungen vorangetrieben.

Revision des Versailler Vertrags:

- Einführung der allgemeinen Wehrpflicht
- Einmarsch in das entmilitarisierte Rheinland
- Anschluss Österreichs
- „Heimholung" der Sudetendeutschen

Lebensraum im Osten:

- Überfall auf Polen
- Überfall auf die Sowjetunion

Germanisierung:

- „Säuberungen" der SS
- Terrormaßnahmen der SS gegenüber der Zivilbevölkerung (Deportation und Vertreibung)
- Vernichtung der jüdischen Bevölkerung und anderer Minderheiten

3.
Die Reaktion der beiden Westmächte auf die Politik Hitlers bestand bis zum Überfall auf Polen in einer Politik der „Beschwichtigung" (Appeasement-Politik), die sich darin äußerte, den Frieden durch Zugeständnisse an Hitler zu erhalten. Beide Länder waren militärisch überfordert, standen unter öffentlichem Druck, hatten überseeische Interessen und litten noch unter den Auswirkungen der Weltwirtschaftskrise.

8. Widerstand gegen die NS-Diktatur

1.
Graf von Moltke hat weder Gewalt angewendet noch organisatorische Vorüberlegungen angestellt, wie das Nazi-Regime zu stürzen sei. Dies wurde sogar vor Gericht aktenkundig festgestellt. Das Einzige, dessen er sich „schuldig" gemacht hatte, war die Tatsache, dass er zusammen mit seinen Gesprächspartnern „gedacht" hat, und das allein schon soll sie nach Meinung Freislers aus der „kämpfenden Volksgemeinschaft ausgeschlossen haben".

2.
Der Text belegt deutlich die Absage an Gewaltanwendung. Der Kreisauer Kreis setzte sich in erster Linie mit der Frage nach einer sittlichen und politischen Erneuerung Deutschlands nach einem Sturz der Nazi-Herrschaft auseinander. Er war ein loser Gesprächskreis von unterschiedlichen Regimegegnern und keine festgefügte Organisation, die eine klare politische Alternative zum herrschenden System vor Augen hatte.

3.
→ Sachinformationen